W0416776

ГРИФОН

ТРИ ЭПОХИ

ГОСУДАРСТВА И ВЛАСТИ

платон

макиавелли

сталин

Москва 2006

УДК 344
ББК 67.72
П37

ISBN 5-98862-016-7

Платон, Макиавелли Никколо, Сталин И.В.
П37 Три эпохи государства и власти / Составление и комментарии Р.Р. Оганяна. М.: Грифон, 2006. – 192 с.

ISBN 5-98862-016-7

«Неважно, в каком времени ты живешь» — говаривали мудрецы. «Важно, кто ты,» — добавляли они. Страшноватая парадигма прохождения власти и государства сквозь кровь и мучения представлена в этой книге, почти целиком составленной из неприукрашенных речений (точных цитат) трех людей из разных тысячелетий — Платона, Макиавелли, Сталина.

УДК 344
ББК 67.72

ЭВОЛЮЦИЯ ВЛАСТИ

Мысль об оформлении Власти в Государство прошла долгую эволюцию в человеческой истории, возникнув еще на заре создания регламентированных иерархических структур человеческого сообщества в Междуречье и Египте. Следует отметить, что для осмысления и формирования идеи Власти в виде Государства необходима была развитая письменная культура, то есть средства бесконтактной коммуникации. Достаточное развитие эта культура получила уже в более поздние времена расцвета иудейской, финикийской цивилизаций и греческих полисов. Законы стали «писаными». Власть с помощью этого обрела первые зачатки универсальности и продолжительности во времени. Человек как биологический вид создал немыслимый до тех пор формат существования – культурный. Это включает в себя систему передачи информации, записанной на каменных, бумажных или электронных носителях; эстетическое чувство, которое очень трудно определить краткими словами; религию, которая вот уже много тысячелетий пребывает еще в форме обрядов.

При этом в течение последних нескольких тысячелетий человечество, обучившись передавать свои соображения современникам или потомкам в письменной форме, стеснялось признаться само себе, что продолжает быть частью животного мира. Это было вызвано, очевидно, именно той самой новой формой передачи информации, которую человек посчитал за откровение. В научной терминологии для обозначения подобного явления существует термин «артефакт», который обозначает некое свойство объекта, возникшее в результате самой попытки исследования объекта. Поэтому войти во власть с целью ее изучения, увы, как правило – невозможно. Человек, пребывающий во власти, навсегда теряет критическое отношение к действительности. Этим и отличаются труды мыслителей и созерцателей Платона и Макиавелли от сочинений практика – Сталина.

Конечно, есть и более сложные аспекты проблемы, рассмотренные современным французским мыслителем Мишелем Фуко в книге «Воля к истине» – это влияние Власти на поведение человека через сексуальность, психологические тонкости и так далее. Хотя можно взглянуть на поведенческую иерархию попроще и погрубее, по-британски, как высказался как-то Уинстон Черчилль: «Почему мои собаки бегут ко мне? Да потому что я их кормлю!»

Учитывая все обстоятельства, в таком существенном вопросе, как Государство и Власть, этот сборник вполне обойдется простым цитированием. Нет нужды расследовать массовые казни людей, которые происходили во времена Платона, Макиавелли и Сталина, а также во все прочие периоды документированной истории, начиная с истории Макавеев и еще раньше. Или апеллировать к никем до конца не обозначенным и не установленным нормам нравственности. Или анализировать связь Государства и кормления, Власти и сексуальности.

Власть с глубокой древности, если верить изустным и письменным преданиям, была основой сообщества людей. Несколько тысячелетий назад эти иерархические (а по сути, властные) отношения между людьми в обществе постепенно оформились как Государство. Именно с эволюцией идеи Государства читатель сможет ознакомиться в сборнике, составленном совершенно произвольно (правда, не без подтекста). Каждый может прочесть процитированные главы из трудов Платона, Макиавелли и Сталина так, как посчитает нужным. Представляется, что оценочные суждения в отношении таких масштабных личностей не имеет смысла излагать, но ясно, что эти деятели обозначают собой важные вехи процесса становления Государства как понятия и как данности. Если у мудрого Платона были лишь достаточно общие и отвлеченные представления о возможном устройстве его воображаемого идеального государства, «Утопии», то у изощренного Макиавелли они приобрели отточенную форму, готовую к применению на практике, а решительный Сталин по сути создал современное Государство в его абсолютной форме.

Этот небольшой сборник вовсе не имеет своей целью подробно и глубоко научно исследовать феномен Власти и те механизмы, которые из нее порождают Государство. Власть имеет слишком много ипостасей, которые невозможно проиллюстрировать ни в какой отдельно взятой книге. Здесь предлагается проследить только основную канву развития мысли о государственности и власти — в трудах трех весьма значительных мыслителей и практиков. Ведь в течение XX века, если прибегнуть к прокурорской лексике, «вскрылись новые обстоятельства, которые позволяют возобновить следствие по данному вопросу».

Основной смысл создания сборника заключается в постановке вопроса — что же может послужить культурной платформой для Власти и Государства? Прослеженная динамика развития этой мысли неутешительна, увы. Но масштаб идей трех мыслителей, хочется думать, пробудит у читателя желание задуматься о сути современной Власти и о ее эффективности. Это ведь судьба Европы. Это ведь судьба России. Это ведь судьба мира. Именно в самостоятельном поиске читателем путей новых вариантов развития цивилизации и состоит одна из главных задач данной книги.

Р. Огинский

ПЛАТОН

ГОСУДАРСТВО

Беседы с Сократом, Главконом, Полемархом, Фрасимахом, Адимантом и Кефалом • О справедливости как выгоде сильнейшего • Модель идеального государства (Утопия): Устранение богатства и бедности в идеальном государстве • Отбор правителей и стражей • Модель идеального государства (Утопия)

Сократ:*

— Вчера я ходил в Пирей вместе с Главконом, сыном Аристона, помолиться богине, а кроме того, мне хотелось посмотреть, каким образом справят там ее праздник, — ведь делается это теперь впервые. Прекрасно было, по-моему, торжественное шествие местных жителей, однако не хуже оказалось и шествие фракийцев. Мы помолились, насмотрелись и пошли обратно в город.

Увидев издали, что мы отправились домой, Полемарх, сын Кефала, велел своему слуге догнать нас и попросить, чтобы мы его подождали. Слуга, тронув меня сзади за плащ, сказал:

— Полемарх просит вас подождать его.

Я обернулся и спросил, где же он.

— Да вон он, подходит, вы уж, пожалуйста, подождите.

— Что ж, подождем, — сказал Главкон.

Немного погодя подошел и Полемарх, а с ним Адимант, брат Главкона, и Никерат, сын Никия, и еще кое-кто, также, вероятно, с торжественного шествия.

Полемарх сказал:

— Сдается мне, Сократ, вы спешите вернуться в город.

— Ты догадлив, — сказал я.

— А разве ты не видишь, сколько нас здесь?

— Как же не видеть!

— Вот вам и придется либо одолеть всех нас, либо остаться здесь.

---

* Выбранные беседы по классическому изданию в пер. Вл. Соловьева.

— А разве нет еще и такого выхода: убедить вас, что надо нас отпустить?

— Как же можно убедить тех, кто и слушать-то не станет?

— Никак, — сказал Главкон.

— Вот вы и учтите, что мы вас не станем слушать.

Адимант добавил:

— Неужели вы не знаете, что под вечер будет конный пробег с факелами в честь богини?

— Конный? — спросил я. — Это нечто новое. Будут передавать из рук в руки факелы при конных ристалищах? Так я тебя понял?

— Да, так, — сказал Полемарх, — и вдобавок будут справляться ночные торжества, а их стоит посмотреть. После ужина мы пойдем смотреть празднество, и здесь можно будет встретить много молодых людей и побеседовать с ними. Пожалуйста, останьтесь, не раздумывайте.

Главкон отвечал:

— Видно, придется остаться.

— Раз уж ты согласен, — сказал я, — так и поступим.

И мы пошли к Полемарху домой и застали там Лисия и Евтидема, его братьев, а также халкедонца Фрасимаха, Хармантида и Клитофонта, сына Аристонима. Дома был и отец Полемарха Кефал — он мне показался очень постаревшим: прошло ведь немало времени с тех пор, как я его видел. Он сидел на подушке в кресле с венком на голове, так как только что совершал жертвоприношение во внутреннем дворике дома. Мы уселись возле него — там кругом были разные кресла.

Чуть только Кефал меня увидел, он приветствовал меня такими словами:

— Ты, Сократ, не частый гость у нас в Пирее. Это напрасно. Будь я еще в силах с прежней легкостью выбираться в город, тебе совсем не понадобилось бы ходить сюда — мы бы сами посещали тебя там; но теперь ты должен почаще бывать здесь: уверяю тебя, что, насколько во мне угасли всякие удовольствия, связанные с телом, настолько же возросла потребность в беседах и удовольствии, связанном с ним. Не уклоняйся же от общения с этими молодыми людьми и посещай нас, мы ведь с тобой друзья и близкие знакомые.

— Право же, Кефал,— сказал я,— мне приятно беседовать с людьми преклонных лет. Они уже опередили нас на том пути, который, быть может, придется пройти и нам, так что, мне кажется, нам надо у них расспросить, каков этот путь — тернист ли он и тягостен или удобен и легок. Особенно от тебя, раз уж ты в таких летах, когда стоишь, по словам поэтов, «на пороге старости», мне хотелось бы узнать, в тягость ли тебе жизнь. Или тебе кажется иначе?

— Тебе, Сократ, — отвечал Кефал, — я, клянусь Зевсом, скажу так, как мне кажется. Часто сходимся мы вместе, люди примерно тех же лет, что и я, оправдывая старинную поговорку. И вот, когда мы соберемся, большинство из нас сокрушенно вспоминают вожделенные удовольствия юности — любовные утехи, попойки, пирушки и тому подобное — и брюзжат, словно это для нас великое лишение: вот тогда была жизнь, а теперь разве жизнь! А некоторые старики жалуются на родственников, помыкающих ими, и тянут все ту же песню, что старость причиняет им множество бед. А по мне. Сократ, они напрасно ее винят: если бы она была причиной, то и я испытывал бы то же самое, раз уж я состарился, да и все прочие, кто мне ровесник. Между тем я не раз встречал стариков, у которых все это не так; например, поэту Софоклу был при мне задан такой вопрос: «Как ты, Софокл, насчет любовных утех? Можешь ли ты еще иметь дело с женщиной?» — «Что ты такое говоришь, право, — отвечал тот. — Да я с величайшей радостью избавился от этого, как убегает раб от необузданного и лютого господина».

Ответ Софокла мне и тогда показался удачным, да и теперь нравится не меньше. Ведь в старости возникает полнейший покой и освобождение ото всех этих вещей; ослабевает и прекращается власть влечений, и во всех отношениях возникает такое самочувствие, как у Софокла, то есть чувство избавления от многих неистовствующих владык. А [огорчения] по поводу этого, как и домашние неприятности, имеют одну причину, Сократ, — не старость, а самый склад человека. Кто вел жизнь упорядоченную и был добродушен, тому и старость лишь в меру трудна. А кто не таков, тому, Сократ, и старость, и молодость бывает в тягость.

В восхищении от этих его слов и желая вызвать его на дальнейший разговор, я сказал:

— Мне думается, Кефал, что люди, скажи ты им это, не согласятся с тобой, они решат, что ты легко переносишь свою старость не потому, что ты человек такого склада, а потому, что ты обладатель большого состояния. Они считают, что у богатых есть чем скрасить старость.

— Ты прав, — сказал Кефал, — они не согласятся и попытаются возражать. Но их доводы не так уж весомы, а вот хорош ответ Фемистокла одному серифийцу, который поносил его, утверждая, что своей славой Фемистокл обязан не самому себе, а своему городу: «Правда, я не стал бы знаменит, будь я серифийцем, зато и тебе не прославиться, будь ты хоть афинянином». Точно так же можно ответить и тем небогатым людям, которым тягостна старость: да, и человеку кроткого нрава, но бедному легко переносить старость в бедности, но уж человеку дурного нрава, как бы богат он ни был, старость всегда будет тягостна.

— А то, чем ты владеешь, Кефал, — спросил я, — ты большей частью получил по наследству или сам приобрел?

— Куда уж мне приобрести, Сократ! Как делец, я где-то посередине между моим дедом и моим отцом. Мой дед — его звали так же, как и меня, — получил в наследство примерно столько, сколько теперь у меня, но во много раз увеличил свое состояние, а мой отец Лисаний довел его до меньших размеров, чем теперь у меня. Я буду доволен, если оставлю вот им в наследство не меньше, а немножко больше того, что мне досталось.

— Я потому спросил, — сказал я, — что не замечаю в тебе особой привязанности к имуществу: это обычно бывает у тех, кто не сам нажил состояние. А кто сам нажил, те ценят его вдвойне. Как поэты любят свои творения, а отцы — своих детей, так и разбогатевшие люди заботливо относятся к деньгам — не только в меру потребности, как другие люди, а так, словно это их произведение. Общаться с такими людьми трудно: ничто не вызывает их одобрения, кроме богатства.

— Ты прав.

— Конечно, а скажи мне еще следующее: в чем состоит наибольшее благо от обладания значительным состоянием?

Постановка вопроса о справедливости

— Пожалуй, — сказал Кефал, — большинство не поверит моим словам. Знаешь, Сократ, когда кому-нибудь приходит мысль о смерти, на человека находит страх и охватывает его раздумье о том, что раньше и на ум ему не приходило. Сказания, передаваемые об Аиде, — а именно, что там придется подвергнуться наказанию тому, кто здесь поступал несправедливо, — он до той поры осмеивал, а тут они переворачивают его душу: что, если это правда? Да и сам он — от старческой ли немощи или оттого, что уже ближе стоит к тому миру, — как-то больше прозревает.

И вот его уже одолевают сомнения и опасения, он прикидывает и рассматривает, уж не обидел ли он кого чем. Кто находит в своей жизни много несправедливых поступков, тот, подобно детям, внезапно разбуженным от сна, пугается и в дальнейшем ожидает лишь плохого. А кто не знает за собой никаких несправедливых поступков, тому всегда сопутствует отрадная надежда, добрая «кормилица старости», как говорится и у Пиндара. Превосходно он это сказал, Сократ, что, кто проводит жизнь праведно и благочестиво, тому Сладостная, сердце лелеющая сопутствует надежда, Кормилица старости; Переменчивыми помыслами смертных Она всего более правит.

Хорошо он это говорит, удивительно сильно. К этому я добавлю, что обладать состоянием — это, конечно, очень хорошо, но не для всякого, а лишь для порядочного человека. Отойти отсюда в тот мир, не опасаясь, что ты, пусть невольно, обманул кого-нибудь, соврал кому-нибудь или же что ты остался должен богу какое-либо жертвоприношение либо человеку — деньги, — во всем этом большое значение имеет обладание состоянием. И для многого другого нужно богатство, но, сравнивая одно с другим, я бы лично полагал,

Сократ, что во всем этом для человека с умом богатство не последнее дело и очень ему пригодится.

— Прекрасно сказано, Кефал, но вот что касается этой самой справедливости: считать ли нам ее попросту честностью и отдачей взятого в долг, или же одно и то же действие бывает подчас справедливым, а подчас и не справедливым? Я приведу такой пример: если кто получит от своего друга оружие, когда тот был еще в здравом уме, а затем, когда тот сойдет с ума и потребует свое оружие обратно, его отдаст, в этом случае всякий сказал бы, что отдавать не следует и несправедлив тот, кто отдал бы оружие такому человеку или вознамерился бы сказать ему всю правду.

— Это верно.

— Стало быть, не это определяет справедливость: говорить правду и отдавать то, что взял.

— Нет, именно это, Сократ, — возразил Полемарх, — если хоть сколько-нибудь верить Симониду.

— Однако, — сказал Кефал, — я препоручаю вам беседу, а мне уже пора заняться священнодействиями.

— Значит, — сказал я, — Полемарх будет твоим наследником?

— Разумеется, — отвечал Кефал, улыбнувшись, и тотчас ушел совершать обряды.

Справедливость как воздаяние должного каждому человеку.

— Так скажи же ты, наследник Кефала в нашей беседе, — обратился я к Полемарху, — какие слова Симонида о справедливости ты считаешь правильными?

— Да то, что справедливо отдавать каждому должное. Мне, по крайней мере, кажется, что это он прекрасно сказал.

— Конечно, нелегкое дело не верить Симониду — это такой мудрый и божественный человек! Смысл его слов тебе, Полемарх, вероятно, понятен, а я вот не могу его постичь. Ясно, что у Симонида говорится не о том, о чем мы только что вспомнили, а именно, будто все, что бы нам ни дали во временное пользование, надо отдавать по требованию владельца, даже когда тот и не в здравом уме, хотя, конечно, он-то и одолжил нам то, чем мы пользовались. Не так ли?

— Да.

— Но ведь ни в коем случае не надо давать, когда этого требует человек не в здравом уме?

— Правда.

— Значит, у Симонида, по-видимому, какой-то другой смысл в утверждении, что справедливо отдавать каждому должное.

— Конечно, другой, клянусь Зевсом. Он считает, что долг друзей делать только хорошее своим друзьям и не причинять им никакого зла.

— Понимаю, — сказал я. — Когда кто возвращает деньги, он отдает не то, что должно, если и отдача и прием наносят вред, а между тем дело происходит между друзьями. Не об этом ли, по-твоему, говорит Симонид?

— Конечно, об этом.

— Ну а врагам, если случится, надо воздавать должное?

— Непременно, как они того заслуживают. Враг должен, я полагаю, воздать своему врагу как надлежит, то есть каким-нибудь злом.

— Выходит, что Симонид дал лишь поэтическое, смутное определение того, что такое справедливость, вложив в него, как кажется, тот смысл, что справедливо было бы воздавать каждому надлежащее, и это он назвал должным.

— А, по-твоему, как?

— Клянусь Зевсом, если бы кто спросил его: «Симонид, что (разумеется, из надлежащего и подходящего) чему должно назначать врачебное искусство, чтобы считаться истинным?» Как бы он, по-твоему, нам ответил?

— Ясно, что лекарства, пищу, питье — телу.

— А что чему надо придать (надлежащее и подходящее), чтобы выказать поварское искусство?

— Приятный вкус — блюдам.

— Прекрасно. А что кому надо воздать, чтобы такое искусство заслужило название справедливости?

— Если следовать тому, Сократ, что было сказано ранее, то это будет искусство приносить друзьям пользу, а врагам причинять вред.

— Значит, творить добро друзьям и зло врагам — это Симонид считает справедливостью?

— По-моему, да.

— А что касается болезней и здорового состояния, кто всего более способен творить добро своим друзьям, если они заболеют, и зло — своим врагам?

— Врач.

— А мореплавателям среди опасностей мореходства?

— Кормчий.

— Как же обстоит дело с тем, кто справедлив? Какими действиями и в какой области он более всего способен принести пользу друзьям и повредить врагам?

— На войне, помогая сражаться, мне кажется.

— Прекрасно. Но, дорогой мой Полемарх, тем, кто не болен, врач не нужен.

— Правда.

— А кто не находится в плавании на корабле, тому не нужен и кормчий.

— Да.

— Значит, кто не воюет, тем не нужен и справедливый человек?

— Это, по-моему, сомнительно.

— Так справедливость нужна и в мирное время?

— Нужна.

— А земледелие тоже? Или нет?

— Да, тоже.

— Чтобы собрать урожай?

— Да.

— И разумеется, нужно также сапожное дело?

— Да.

— Чтобы снабжать нас обувью, полагаю, скажешь ты.

— Конечно.

— Так что же? Для какой надобности и для приобретения чего, по-твоему, нужна в мирное время справедливость?

— Она нужна в делах, Сократ.

— Под делами ты понимаешь совместное участие в чем-нибудь или нет?

— Именно совместное участие.

— Будет ли хорошим и полезным участником в игре в шашки тот, кто справедлив, или же тот, кто умеет играть?

— Тот, кто умеет играть.

— А при кладке кирпича или камня справедливый человек как участник полезнее и лучше, чем строитель?

— Никоим образом.

— Но в каких делах участие справедливого человека предпочтительнее участия строителя или, скажем, кифариста, ведь ясно, что в игре на кифаре кифарист предпочтительнее?

— В денежных делах, как мне кажется.

— За исключением, может быть, расходования денег, Полемарх. Ведь когда понадобится сообща купить или продать коня, тогда, думается мне, полезнее будет искусный наездник.

— Видимо.

— А при приобретении судна — кораблестроитель или кормчий.

— Естественно.

— Когда надо сообща распорядиться серебром или золотом, бывают ли случаи, чтобы справедливый человек был полезнее других?

— Бывают, Сократ. Это когда надо отдать их на хранение или сбережение.

— То есть, по твоим словам, когда они лежат без употребления?

— Конечно.

— Значит, когда деньги бесполезны, тогда-то и полезна справедливость?

— Похоже, что это так.

— И чтобы хранить садовый нож, полезна справедливость общественная и частная, для пользования же им требуется умение виноградаря?

— Видимо, так.

— Пожалуй, ты скажешь, что, когда нужно хранить щит и лиру и в то же время ими не пользоваться, справедливость полезна, а когда нужно пользоваться, тогда полезно умение воина и музыканта.

— Непременно скажу.

— И во всем остальном так: справедливость при пользовании чем-нибудь не полезна, а при непользовании полезна?

— Видимо, так.

— Стало быть, друг мой, справедливость — это не слишком важное дело, раз она бывает полезной лишь при бесполезности. Давай рассмотрим вот что: кто мастер наносить удары в кулачном бою или в каком другом, тот, не правда ли, умеет и уберечься от них?

— Конечно.

— А кто способен уберечься от болезни, тот еще гораздо более способен незаметно довести до болезненного состояния другого?

— Мне кажется, так.

— И воинский стан тот лучше оберегает, кто способен также проникнуть в замыслы неприятеля и предвосхитить его действия?

— Конечно.

— Значит, тот горазд беречь, кто способен и воровать.

— По-видимому.

— Значит, если справедливый человек способен сохранить деньги, то он способен и похитить их.

— По крайней мере, к этому приводит наше рассуждение.

— Значит, справедливый человек оказывается каким-то вором. Это ты, должно быть, усвоил из Гомера: он высоко ставит Автолика, деда Одиссея по матери, и говорит, что Автолик превосходил всех людей вороватостью и заклинаниями. Так что, и по-твоему, и по Гомеру, и по Симониду, справедливость — это нечто воровское, однако направленное на пользу друзьям и во вред врагам. Разве ты не так говорил?

— Нет, клянусь Зевсом. Впрочем, я уж и не знаю, что говорил. Однако вот на чем я все еще настаиваю: приносить пользу друзьям и вредить врагам — это и будет справедливость.

— А кто, по-твоему, друзья: те ли, кто кажутся хорошими людьми, или же только те, кто на самом деле таковы, хотя бы такими и не казались? То же и насчет врагов.

— Естественно дружить с тем, кого считаешь хорошим, и ненавидеть плохих людей.

— Но разве люди не ошибаются в этом? Многие кажутся им хорошими, хотя на деле не таковы, и наоборот.

— Да, ошибаются.

— Значит, хорошие люди им враги, а негодные — друзья?

— Это бывает.

— Но тогда будет справедливым приносить пользу плохим людям, а хорошим вредить?

— Оказывается, что так.

— А между тем хорошие люди справедливы, они не способны на несправедливые поступки.

— Это правда.

— По твоим же словам, было бы справедливо причинять зло тем, кто не творит несправедливости.

— Ничего подобного, Сократ! Такой вывод, конечно, никуда не годится.

— Значит, справедливо было бы вредить несправедливым и приносить пользу справедливым людям.

— Этот вывод явно лучше.

— Значит, Полемарх, с теми из людей, кто ошибается, часто бывает, что они считают справедливым вредить своим друзьям — они их принимают за плохих людей — и приносить пользу своим врагам как хорошим людям. Таким образом, мы выскажем нечто прямо противоположное тому, что мы привели из Симонида.

— Да, это часто бывает. Но давай внесем поправку: ведь мы, пожалуй, неверно установили, кто нам друг, а кто враг.

— А как именно мы установили, Полемарх?

— Будто, кто кажется хорошим, тот нам и друг.

— А теперь какую же мы внесем поправку?

— Тот нам друг, кто и кажется хорошим, и на самом деле хороший человек. А кто только кажется, а на деле не таков, это кажущийся, но не подлинный друг. То же самое нужно установить и насчет наших врагов.

— Согласно этому рассуждению, хороший человек будет нам другом, а плохой — врагом.

— Да.

— А как, по-твоему, прежнее определение справедливого, гласящее, что справедливо делать добро другу и зло врагу, нужно ли теперь дополнить тем, что справедливо делать добро другу, если он хороший человек, и зло — врагу, если он человек негодный?

— Конечно. Это, по-моему, прекрасное определение.

— Значит, справедливому человеку свойственно наносить вред некоторым людям?

— Да, конечно, надо вредить плохим людям и нашим врагам.

— А кони, если им нанести вред, становятся лучше или хуже?

— Хуже.

— В смысле достоинств собак или коней?

— Коней.

— И собаки, если им нанести вред, теряют достоинства собак, но не коней?

— Обязательно.

— А про людей, друг мой, не скажем ли мы, что и они, если им нанесен вред, теряют свои человеческие достоинства?

— Конечно.

— Но справедливость разве не достоинство человека?

— Это уж непременно.

— И те из людей, друг мой, кому нанесен вред, обязательно становятся несправедливыми?

— По-видимому.

— А разве могут музыканты посредством музыки сделать кого-либо немузыкальным?

— Это невозможно.

— А наездники посредством езды отучить ездить?

— Так не бывает.

— А справедливые люди посредством справедливости сделать кого-либо несправедливым? Или вообще: могут ли хорошие люди с помощью своих достоинств сделать других негодными?

— Но это невозможно!

— Ведь охлаждать, я думаю, свойство не теплоты, а того, что ей противоположно.

— Да.

— И увлажнять — свойство не сухости, а противоположного.

— Конечно.

— И вредить — свойство не хорошего человека, а наоборот.

— Очевидно.

— А справедливый — это хороший человек?

— Конечно.

— Значит, Полемарх, не дело справедливого человека вредить — ни другу, ни кому-либо иному; это дело того, кто ему противоположен, то есть человека несправедливого.

— По-моему, Сократ, ты совершенно прав.

— Значит, если кто станет утверждать, что воздавать каждому должное — справедливо, и будет понимать это так, что справедливый человек должен причинять врагам вред, а друзьям приносить пользу, то говорящий это вовсе не мудрец, потому что он сказал неправду, ведь мы выяснили, что справедливо никому ни в чем не вредить.

— Я согласен с этим, — отвечал Полемарх.

— Стало быть, — сказал я, — мы с тобой сообща пойдем войной на тех, кто станет утверждать, что это было сказано Симонидом, или Биантом, или Питтаком, или кем-нибудь другим из мудрых и славных людей.

— Я готов, — сказал Полемарх, — принять участие в такой битве.

— А знаешь, — сказал я, — чье это изречение, утверждающее, что справедливость состоит в том, чтобы приносить пользу друзьям и причинять вред врагам?

— Чье? — спросил Полемарх.

— Я думаю, оно принадлежит Периандру или Пердикке, а может быть, Ксерксу, или фиванцу Исмению, или кому другому из богачей, воображающих себя могущественными людьми.

— Ты совершенно прав.

— Прекрасно. Но раз выяснилось, что справедливость, то есть [самое понятие] справедливого, состоит не в этом, то какое же другое определение можно было бы предложить?

Фрасимах во время нашей беседы неоднократно порывался вмешаться в разговор, но его удерживали сидевшие с ним рядом — так им хотелось выслушать нас до конца. Однако чуть только мы приостановились, когда я задал свой вопрос, Фрасимах уже не мог более стерпеть: весь напрягшись, как дикий зверь, он ринулся на нас, словно готов был нас растерзать.

Мы с Полемархом шарахнулись в испуге, а он прямо-таки закричал:

— Что за чепуху вы несете, Сократ, уже с которых пор! Что вы строите из себя простачков, играя друг с другом в поддавки? Если ты в самом деле хочешь узнать, что такое справедливость, так не задавай вопросов и не кичись тем, что можешь опровергнуть любой ответ. Тебе ведь известно, что легче спрашивать, чем отвечать, нет, ты сам отвечай и скажи, что ты считаешь справедливым. Да не вздумай мне говорить, что это — должное или что это — полезное, или целесообразное, или прибыльное, или пригодное; что бы ты ни говорил, ты мне говори ясно и точно, потому что я и слушать не стану, если ты будешь болтать такой вздор.

Ошеломленный словами Фрасимаха, я взглянул на него с испугом, и мне кажется, что, не взгляни я на него прежде, чем он на меня, я бы прямо онемел; теперь же, когда наша беседа привела его в ярость, я взглянул первым, так что оказался в состоянии отвечать ему, и с трепетом сказал:

— Фрасимах, не сердись на нас. Если мы — я и вот он — и погрешили в рассмотрении этих доводов, то, смею тебя уверить, погрешили невольно. Неужели ты думаешь, что если бы мы, к примеру, искали золото, то мы стали бы друг другу поддаваться, так что это помешало бы нам его найти? Между тем мы разыскиваем справедливость — предмет драгоценнее всякого золота, ужели же мы так бессмысленно уступаем друг другу и не прилагаем всяческих стараний, чтобы его отыскать? Ты только подумай, мой друг! Нет, это, по-моему, просто оказалось выше наших сил, так что вам, кому это под силу, гораздо приличнее пожалеть нас, чем сердиться.

Услышав это, Фрасимах усмехнулся весьма сардонически и сказал:

– О Геракл! Вот она, обычная ирония Сократа! Я уж и здесь всем заранее говорил, что ты не пожелаешь отвечать, прикинешься простачком и станешь делать все что угодно, только бы увернуться от ответа, если кто тебя спросит.

– Ты мудр, Фрасимах, – сказал я, – и прекрасно знаешь, что если ты спросишь, из каких чисел состоит двенадцать, но, задавая свой вопрос, заранее предупредишь: «Только ты мне не вздумай говорить, братец, что двенадцать – это дважды шесть, или трижды четыре, или шестью два, или четырежды три, иначе я и слушать не стану, если ты будешь молоть такой вздор», то тебе будет заранее ясно, думаю я, что никто не ответит на такой твой вопрос. Но если тебе скажут: «Как же так, Фрасимах? В моих ответах не должно быть ничего из того, о чем ты предупредил? А если выходит именно так, чудак ты, я все-таки должен говорить вопреки истине? Или как ты считаешь?» Что ты на это скажешь?

– Хватит, – сказал Фрасимах, – ты опять за прежнее.

– А почему бы нет? – сказал я. – Прежнее или не прежнее, но так может подумать тот, кому ты задал свой вопрос. А считаешь ли ты, что человек станет отвечать вопреки своим взглядам, все равно, существует ли запрет или его нет?

– Значит, и ты так поступишь: в твоем ответе будет как раз что-нибудь из того, что я запретил?

– Я не удивлюсь, если у меня при рассмотрении так и получится.

– А что, если я укажу тебе на другой ответ насчет справедливости, совсем не такой, как все эти ответы, а куда лучше? Какое ты себе тогда назначишь наказание?

– Какое же другое, как не то, которому должен подвергнуться невежда! А должен он будет поучиться у человека сведущего. Вот этого наказания я и заслуживаю.

– Сладко ты поешь! Нет, ты внеси-ка денежки за обучение.

– Само собой, когда они у меня появятся.

— Деньги есть! — воскликнул Главкон. — За этим дело не станет, Фрасимах, ты только продолжай — все мы внесем за Сократа.

— Чтобы, как я полагаю, Сократ мог поступать, как привык: не отвечать самому, а придираться к чужим доводам и их опровергать?

— Но как же отвечать, многоуважаемый Фрасимах, — сказал я, — если, во-первых, и ничего не знаешь и не притязаешь на знание, а затем если и имеешь кое-какие соображения по этому поводу, так на них наложен запрет, да еще со стороны человека незаурядного, так что вообще нельзя сказать ничего из того, что думаешь? Скорее тебе следует говорить: ведь ты утверждаешь, что обладаешь знанием и тебе есть что сказать. Так не раздумывай, будь так любезен, отвечай мне и не откажи наставить уму-разуму Главкона да и всех остальных.

Вслед за мной и Главкон и все остальные стали просить его не отказываться. У Фрасимаха явно было горячее желание говорить, чтобы блеснуть: он считал, что имеет наготове великолепный ответ, но все же делал вид, будто настаивает на том, чтобы отвечал я. Наконец он уступил и затем прибавил:

— Вот она, мудрость Сократа: сам не желает никого наставлять, а ходит повсюду, всему учится у других и даже не отплачивает им за это благодарностью.

— Что я учусь у других, это ты правду сказал, Фрасимах, но что я, по-твоему, не плачу благодарностью, это — ложь. Я ведь плачу как могу. А могу я платить только похвалой — денег у меня нет. С какой охотой я это делаю, когда кто-нибудь, по моему мнению, хорошо говорит, ты сразу убедишься, чуть только примешься мне отвечать: я уверен, что ты будешь говорить хорошо.

О СПРАВЕДЛИВОСТИ КАК ВЫГОДЕ СИЛЬНЕЙШЕГО

— Так слушай же. Справедливость, утверждаю я, это то, что пригодно сильнейшему. Ну что же ты не похвалишь? Или нет у тебя желания?

— Сперва я должен понять, что ты говоришь. Пока еще я не знаю. Ты утверждаешь, что пригодное сильнейшему — это и есть справедливое. Если Полидамант у нас всех сильнее в борьбе и в кулачном бою и для здоровья его тела пригодна говядина, то будет полезно и вместе с тем справедливо назначить такое же питание и нам, хотя мы и слабее его?

— Отвратительно это с твоей стороны, Сократ, — придавать моей речи такой гадкий смысл.

— Ничуть, благороднейший Фрасимах, но поясни свои слова.

— Разве ты не знаешь, что в одних государствах строй тиранический, в других — демократический, в третьих — аристократический?

— Как же не знать?

— И что в каждом государстве силу имеет тот, кто у власти?

— Конечно.

— Устанавливает же законы всякая власть в свою пользу: демократия — демократические законы, тирания — тиранические, так же и в остальных случаях. Установив законы, объявляют их справедливыми для подвластных — это и есть как раз то, что полезно властям, а преступающего их карают как нарушителя законов и справедливости. Так вот я и говорю, почтеннейший Сократ: во всех государствах справедливостью считается одно и то же, а именно то, что пригодно существующей власти. А ведь она — сила, вот и выходит, если кто правильно рассуждает, что справедливость — везде одно и то же: то, что пригодно для сильнейшего.

— Теперь я понял, что ты говоришь. Попытаюсь же понять, верно это или нет. В своем ответе ты назвал пригодное справедливым, хотя мне-то ты запретил отвечать так. У тебя только прибавлено: «для сильнейшего».

— Ничтожная, вероятно, прибавка!

— Еще неясно, может быть, она и значительна. Но ясно, что надо рассмотреть, прав ли ты. Ведь я тоже согласен, что справедливость есть нечто пригодное. Но ты добавляешь «для сильнейшего», а я этого не знаю, так что это нужно еще подвергнуть рассмотрению.

— Рассматривай же.

— Я так и сделаю. Скажи-ка мне, не считаешь ли ты справедливым повиноваться властям?

— Считаю.

— А власти в том или ином государстве непогрешимы или способны и ошибаться?

— Разумеется, способны и ошибаться.

— Следовательно, принимаясь за установление законов, они одни законы установят правильно, а другие неправильно?

— Я тоже так думаю, — сказал Фрасимах.

— Правильные установления — властям на пользу, а неправильные — во вред. Или как по-твоему?

— Да, так.

— Что бы они ни установили, подвластные должны это выполнять, и это-то и будет справедливым?

— Как же иначе?

— Значит, справедливым будет, согласно твоему утверждению, выполнять не только пригодное сильнейшему, но и противоположное, то есть непригодное.

— Что это такое ты говоришь?

— То же самое, что и ты, как мне кажется. Давай рассмотрим получше: разве мы не признали, что власти, обязывая подвластных выполнять свои предписания, иной раз ошибаются в выборе наилучшего для самих же властей, а между тем со стороны подвластных будет справедливым выполнять любые предписания властей? Разве мы это не признали?

— Да, я думаю, что признали.

— Так подумай и о том, что ты ведь признал справедливым выполнять также и то, что идет во вред властям и вообще тем, кто сильнее: когда власти неумышленно предписывают что-нибудь самим себе во вред, ты все-таки утверждаешь, что справедливым будет выполнять их предписания. В этом случае, премудрый Фрасимах, разве дело не обернется непременно таким образом, что справедливым будет выполнять как раз противоположное тому, что ты говоришь? Ведь здесь слабейшим предписывается выполнять то, что вредно сильнейшему.

— Да, клянусь Зевсом, Сократ, — воскликнул Полемарх, — это совершенно ясно!

— Особенно, если ты засвидетельствуешь это Сократу, — вступил в беседу Клитофонт.

— При чем тут свидетели? Ведь сам Фрасимах признал, что власти иной раз дают предписания во вред самим себе, между тем для подвластных считается справедливым эти предписания выполнять.

— Выполнять приказы властей, Полемарх, — вот что считал Фрасимах справедливым.

— Да ведь он считал, Клитофонт, справедливым то, что пригодно сильнейшему. Установив эти два положения, он также согласился, что власть имущие иной раз приказывают то, что им самим идет во вред, однако слабейшие и подвластные все-таки должны это выполнять. Из этого допущения вытекает, что пригодное для сильнейшего нисколько не более справедливо, чем непригодное.

— Но под пригодным сильнейшему Фрасимах понимал то, что сам сильнейший считает для себя пригодным, — возразил Клитофонт. — Это-то и должен выполнять слабейший — вот что он признал справедливым.

— Нет, Фрасимах не так говорил, — сказал Полемарх.

— Не все ли равно, Полемарх, — заметил я, — если теперь Фрасимах говорит так, то мы так и будем его понимать. Скажи-ка мне, Фрасимах, хотел ли ты сказать, что справедливо все, что кажется сильнейшему пригодным для него самого, независимо от того, пригодно ли оно на самом деле или нет? Так ли нам понимать то, что ты говоришь?

— Вовсе не так. Неужели ты думаешь, что я считаю сильнейшим того, кто ошибается, и как раз тогда, когда он ошибается?

— Я, по крайней мере, думал, что таков смысл твоих слов, раз ты согласился, что власти небезгрешны, но, напротив, кое в чем и ошибаются.

— И крючкотвор же ты, Сократ, в твоих рассуждениях! Того, например, кто ошибочно лечит больных, назовешь ли ты врачом за эти его ошибки? Или мастером счета того, кто ошибается в счете именно тогда, когда он ошибается, и именно за эту его ошибку? Думаю, мы только в просторечье так выражаемся: «ошибся врач», «ошибся мастер счета» или «учитель грамматики». Я же полагаю, что если он действительно тот, кем мы его называем, то он никогда не совершает ошибок. По точному смыслу слова, раз уж ты так любишь точность, никто из мастеров своего дела в этом деле не ошибается. Ведь ошибаются от нехватки знания, то есть от недостатка мастерства. Так что, будь он художник, или мудрец, или правитель, никто не ошибается, когда владеет своим мастерством, хотя часто и говорят: «врач ошибся», «правитель ошибся». В этом смысле ты и понимай мой ответ. Вот он с полнейшей точностью: правитель, поскольку он действительно настоящий правитель, ошибок не совершает, он безошибочно устанавливает то, что для него всего лучше, и это должны выполнять те, кто ему подвластен. Так что, как я и говорил с самого начала, я называю справедливостью выполнение того, что пригодно сильнейшему.

— Вот как, Фрасимах, по-твоему, я крючкотвор?

— И даже очень.

— Ты считаешь, что в моих рассуждениях я со злым умыслом задавал свои вопросы?

— Я в этом уверен. Только ничего у тебя не выйдет: от меня тебе не скрыть своей злонамеренности, а раз тебе ее не скрыть, то и не удастся тебе пересилить меня в нашей беседе.

— Да я не стал бы и пытаться, дорогой мой. Но чтобы у нас не получилось чего-нибудь опять в этом роде, определи, в обычном ли понимании или в точном смысле употребляешь ты слова «правитель» и «сильнейший», когда говоришь, что будет справедливым, чтобы слабейший творил пригодное сильнейшему.

— Я имею в виду правителя в самом точном смысле этого слова. Искажай теперь злостно и клевещи, сколько можешь, — я тебе не уступлю. Впрочем, тебе с этим не справиться.

— По-твоему, я до того безумен, что решусь стричь льва и клеветать на Фрасимаха?

— Однако ты только что пытался, хотя тебе это и не под силу.

— Довольно об этом. Скажи-ка мне лучше: вот тот, о котором ты недавно говорил, что он в точном смысле слова врач, — думает ли он только о деньгах, или он печется о больных? Конечно, речь идет о настоящем враче.

— Он печется о больных.

— А кормчий? Подлинный кормчий — это начальник над гребцами или и сам он гребец?

— Начальник над гребцами.

— Ведь нельзя, я думаю, принимать в расчет только то, что он тоже плывет на корабле — гребцом его не назовешь. Его называют кормчим не потому, что он на корабле, а за его умение и потому, что он начальствует над гребцами.

— Это верно.

— Стало быть, каждый из них, то есть и врач и кормчий, обладает какими-нибудь полезными сведениями?

— Конечно.

— Не для того ли вообще и существует искусство, чтобы отыскивать и изобретать, что кому пригодно?

— Да, для этого.

— А для любого искусства пригодно ли что-нибудь иное, кроме своего собственного наивысшего совершенства?

— Что ты имеешь в виду?

— Вот что: если бы меня спросили, довлеет ли наше тело само себе, или же оно нуждается еще в чем-нибудь, я бы ответил: «Непременно нуждается. Потому-то и найдены теперь способы врачевания, что тело у нас несовершенно, а раз оно таково, оно само себе не довлеет. Для придачи телу того, что ему пригодно, и потребовалось искусство». Как, по-твоему, верно я говорю или нет?

— Верно.

— Так что же? Разве несовершенно само искусство врачевания? Нужно ли вообще дополнять то или иное искусство еще каким-нибудь положительным качеством, как глаза — зрением, а уши — слухом? То есть нужно ли к любому искусству добавлять еще какое-нибудь другое искусство, которое решало бы, что пригодно для первого и чем его надо восполнить? Разве в самом искусстве скрыто какое-то несовершенство и любое искусство нуждается еще в другом искусстве, которое обсуждало бы, что полезно тому, первому? А для этого обсуждающего искусства необходимо, в свою очередь, еще другое подобного же рода искусство и так до бесконечности? Или же всякое искусство само по себе решает, что для него пригодно? Или же для обсуждения того, что исправит его недостатки, ему не требуется ни самого себя, ни другого искусства? Ведь у искусства не бывает никакого несовершенства или погрешности и ему не годится изыскивать пригодное за пределами себя самого. Раз оно правильно, в нем нет ущерба и искажений, пока оно сохраняет свою безупречность и целостность. Рассмотри это в точном, установленном тобой смысле слова — так это будет или по-другому?

— Видимо, так.

— Значит, врачевание рассматривает не то, что пригодно врачеванию, а то, что пригодно телу.

— Да.

— И верховая езда — то, что пригодно не для езды, а для коней. И любое другое искусство — не то, что ему самому пригодно (в этом ведь оно не нуждается), а то, что пригодно его предмету.

— Видимо, так.

— Но ведь всякое искусство, Фрасимах, — это власть и сила в той области, где оно применяется.

Фрасимах согласился с этим, хотя и крайне неохотно.

— Следовательно, любое искусство имеет в виду пригодное не сильнейшему, а слабейшему, которым оно и руководит.

В конце концов Фрасимах согласился с этим, хотя и пытался сопротивляться, и, когда он согласился, я сказал:

— Значит, врач — поскольку он врач — вовсе не имеет в виду и не предписывает того, что пригодно врачу, а только лишь то, что пригодно больному. Ведь мы согласились, что в точном смысле этого слова врач не стяжатель денег, а управитель телами. Или мы в этом не согласились?

Фрасимах ответил утвердительно.

— Следовательно, и кормчий в подлинном смысле слова — это управитель гребцов, но не гребец?

Фрасимах согласился.

— Значит, такой кормчий, он же и управитель, будет иметь в виду и предписывать не то, что пригодно кормчему, а то, что полезно гребцу, то есть тому, кто его слушает.

Фрасимах с трудом подтвердил это.

— Следовательно, Фрасимах, и всякий, кто чем-либо управляет, никогда, поскольку он управитель, не имеет в виду и не предписывает того, что пригодно ему самому, но только то, что пригодно его подчиненному, для которого он и творит. Что бы он ни говорил и что бы ни делал, всегда он смотрит, что пригодно подчиненному и что тому подходит.

Когда мы пришли к этому в нашем споре и всем присутствующим стало ясно, что прежнее объяснение справедливости обратилось в свою противоположность, Фрасимах, вместо того чтобы отвечать, вдруг спросил:

— Скажи-ка мне, Сократ, у тебя есть нянька?

— Что такое? — сказал я. — Ты бы лучше отвечал, чем задавать такие вопросы.

— Да пусть твоя нянька не забывает утирать тебе нос, ты ведь у нее не отличаешь овец от пастуха.

— С чего ты это взял? — сказал я.

— Потому что ты думаешь, будто пастухи либо волопасы заботятся о благе овец или волов, когда откармливают их и холят, и что делают они это с какой-то иной целью, а не ради блага владельцев и своего собственного. Ты полагаешь, будто и в государствах правители — те, которые по-настоящему правят,— относятся к своим подданным как-то иначе, чем пастухи к овцам, и будто они днем и ночью только и думают о чем-то ином, а не о том, откуда бы извлечь для себя пользу. «Справедливое», «справедливость», «несправедливое», «несправедливость» — ты так далек от всего этого, что даже не знаешь: справедливость и справедливое — в сущности это чужое благо, это нечто, устраивающее сильнейшего, правителя, а для подневольного исполнителя это чистый вред, тогда как несправедливость — наоборот: она правит, честно говоря, простоватыми, а потому и справедливыми людьми. Подданные осуществляют то, что пригодно правителю, так как в его руках сила. Вследствие их исполнительности он благоденствует, а сами они — ничуть.

Надо обратить внимание, Сократ, величайший ты простак, на то, что справедливый человек везде проигрывает сравнительно с несправедливым. Прежде всего во взаимных обязательствах между людьми: когда тот и другой ведут какое-нибудь общее дело, ты нигде не найдешь, чтобы при окончательном расчете справедливый человек получил больше, чем несправедливый, наоборот, он всегда получает меньше. Затем во взаимоотношениях с государством, когда надо делать какие-нибудь взносы: при равном имущественном положении справедливый вносит больше, а несправедливый меньше, и, когда надо получать, справедливому не достается ничего, а несправедливый много выгадывает. Да и когда они занимают какую-нибудь государственную должность, то у справедливого, даже если ему не придется понести какого-нибудь иного ущерба, приходят в упадок его домашние дела, так как он не может уделять им достаточно внимания, из общественных же дел он не извлекает никакой пользы именно потому, что он человек справедливый. Вдобавок он вызывает недовольство своих родственников и знакомых тем, что не хочет покровительствовать им, если это противоречит справедливости. А у человека несправедливого все это обстоит как раз наоборот.

Я повторяю то, что недавно говорил: обладание властью дает большие преимущества. Это ты и должен учитывать, если хочешь судить, насколько всякому для себя лично полезнее быть несправедливым, чем справедливым. Всего проще тебе будет это понять, если ты возьмешь несправедливость в ее наиболее завершенном виде, когда благоденствует как раз тот, кто нарушил справедливость, и в высшей степени жалок тот, кто на себе испытал несправедливость и все же не решился пойти против справедливости. Такова тирания: она то исподтишка, то насильственно захватывает то, что ей не принадлежит, — храмовое и государственное имущество, личное и общественное, — и не постепенно, а единым махом. Частичное нарушение справедливости, когда его обнаружат, наказывается и покрывается величайшим позором. Такие частичные нарушители называются, смотря по виду своих злодеяний, то святотатцами, то похитителями рабов, то взломщиками, то грабителями, то ворами. Если же кто, мало того что лишит граждан имущества, еще и самих их поработит, обратив в невольников, его вместо этих позорных наименований называют преуспевающим и благоденствующим, и не только его соотечественники, но и чужеземцы, именно потому, что знают: такой человек сполна осуществил несправедливость. Ведь те, кто порицает несправедливость, не порицают совершение несправедливых поступков, они просто боятся за себя, как бы им самим не пострадать. Так-то вот, Сократ: достаточно полная несправедливость сильнее справедливости, в ней больше силы, свободы и властности, а справедливость, как я с самого начала и говорил, — это то, что пригодно сильнейшему, несправедливость же целесообразна и пригодна сама по себе.

Сказав это, Фрасимах намеревался было уйти — потоком своего многословия он, словно банщик, окатил нас и залил нам уши, однако присутствующие не пустили его и заставили остаться, чтобы он привел доводы в подтверждение своих слов. Да я и сам очень нуждался в этом и потому сказал:

— Удивительный ты человек, Фрасимах. Набрасываешься на нас с такой речью и вдруг собираешься уйти, между тем ты и нас не наставил в достаточной мере, да и сам не разобрался, так ли обстоит дело либо по-другому. Или, по-твоему, это мелочь — попытаться определить такой предмет? Разве это не было бы руководством в жизни, следуя которому каждый из нас стал бы жить с наибольшей для себя выгодой?

— Я думаю, — сказал Фрасимах, — что это-то обстоит иначе.

— По-видимому, — сказал я, — тебе нет никакого дела до нас, тебе все равно, станем ли мы жить хуже или лучше, оставаясь в неведении относительно того, что ты, по твоим словам, знаешь. Но, дорогой мой, дай себе труд открыть это и нам. Нас здесь собралось так много, что, если ты нас облагодетельствуешь, это будет неплохим для тебя вкладом. Что касается моего мнения, то я говорю тебе, что я все-таки не верю и не думаю, будто несправедливость выгоднее справедливости, даже когда несправедливости предоставлена полная свобода действия. Допустим, дорогой мой, что кто-нибудь несправедлив, допустим, что он может совершать несправедливые поступки либо тайно, либо в открытом бою, все же это меня не убеждает, будто несправедливость выгоднее справедливости. Возможно, что и кто-нибудь другой из нас, а не только я вынес такое же впечатление. Так убеди же нас как следует, уважаемый Фрасимах, что мы думаем неправильно, когда ставим справедливость значительно выше несправедливости.

— Как же тебя убедить? — сказал Фрасимах. — Раз тебя не убедило то, что я сейчас говорил, как же мне еще с тобой быть? Не впихнуть же мои взгляды в твою душу!

— Ради Зевса, только не это! Прежде всего ты держись тех же взглядов, которые уже высказал, а если они у тебя изменились, скажи об этом открыто и не обманывай нас. Ты видишь теперь, Фрасимах (давай-ка еще раз рассмотрим прежнее): дав сперва определение подлинного врача, ты не подумал, что ту же точность надо потом сохранить, говоря и о подлинном пастухе. Ты думаешь, что он пасет овец, поскольку он пастух, не имея в виду высшего для них блага, а так, словно какой-то нахлебник, собирающийся хорошенько угоститься за столом; или, что касается доходов, так, словно он стяжатель, а не пастух. Между тем для этого искусства важно, конечно, чтобы оно отвечало не чему-нибудь иному, а своему прямому назначению, и притом наилучшим образом, тогда овцы и будут в наилучшем состоянии; такое искусство будет достаточным для этой цели, пока в нем нет никаких недочетов. Потому-то, думал я, мы теперь непременно согласимся, что всякая власть, поскольку она власть, имеет в виду благо не кого иного, как тех, кто ей подвластен и ею опекаем — в общественном и в частном порядке. И неужели ты думаешь, будто те, кто правит государствами, — подлинные правители — правят по доброй воле?

— Клянусь Зевсом, не только думаю, но знаю наверняка.

— Правда, Фрасимах? Разве ты не замечаешь, что никто из других правителей не желает править добровольно, но все требуют вознаграждения, потому что от их правления будет польза не им самим, а их подчиненным? Скажи-ка мне вот что: не потому ли мы отличаем одно искусство от другого, что каждое из них имеет свое назначение? Только не высказывай, дорогой мой, чего-нибудь неожиданно странного — иначе мы никогда не кончим.

— Да, мы отличаем их именно поэтому.

— Следовательно, каждое приносит нам какую-то особую пользу, а не пользу вообще: например, врачевание — здоровье, кораблевождение — безопасность во время плавания и так далее.

— Конечно.

— А искусство оплачивать труд касается вознаграждения, ведь для этого оно и предназначено. Или врачевание и кораблевождение для тебя одно и то же? Согласно твоему предложению, ты хочешь все точно определить; так вот, если кто-нибудь, занимаясь кораблевождением, поздоровеет, так как ему пойдет на пользу морское плавание, будешь ли ты склонен из-за этого назвать кораблевождение врачеванием?

— Конечно, нет.

— И я думаю, ты не назовешь это оплатой труда, если кто, работая по найму, поздоровеет?

— Конечно, нет.

— Так что же? И врачевание ты не назовешь искусством работать по найму, когда врачующий так работает?

— Не назову.

— Стало быть, мы с тобой согласны в том, что каждое искусство полезно по-своему?

МОДЕЛЬ ИДЕАЛЬНОГО ГОСУДАРСТВА

(Утопия)

Устранение богатства и бедности в идеальном государстве

— А есть ли у них общее с какой-нибудь другой добродетелью? — Ни в коем случае.— А, например, с наглостью и разнузданностью?— С ними-то более всего.

— Можешь ли ты назвать удовольствие более сильное и острое, чем любовные утехи?

— Не могу, да и нет ничего более безумного.

— Между тем правильной любви свойственно любить скромное и прекрасное, притом рассудительно и гармонично.

— Конечно.

— Значит, в правильную любовь нельзя привносить неистовство и все то, что сродни разнузданности?

— Нельзя.

— Стало быть, нельзя привносить и наслаждение: с ним не должно быть ничего общего у правильно любящих или любимых, то есть ни у влюбленного, ни у его любимца.

— Да, Сократ, клянусь Зевсом, наслаждение сюда не следует привносить.

— В создаваемом нами государстве ты установишь, чтобы влюбленный был другом своему любимцу, вместе с ним проводил время и относился к нему как к сыну во имя прекрасного, если тот согласится. А в остальном пусть он так общается с тем, за кем ухаживает, чтобы никогда не могло возникнуть даже предположения, что между ними есть нечто большее. В противном случае он навлечет на себя упрек в грубости и непонимании прекрасного.

— Да, это так.

— Не кажется ли и тебе, — сказал я, что наше рассуждение о мусическом искусстве пришло к концу? Оно завершилось тем, чем должно было завершиться, — ведь все, что относится к мусическому искусству, должно завершаться любовью к прекрасному.

— Согласен, — сказал Главкон.

— Асклепиады, как утверждают, не умели направлять течение болезни, то есть не применяли нынешнего способа лечения. Геродик же был учителем гимнастики. Когда он заболел, он применил для лечения гимнастические приемы; сперва он терзал этим главным образом самого себя, а затем, впоследствии, и многих других.

— Каким образом?

— Он отодвинул свою смерть; сколько он ни следил за своей болезнью — она у него была смертельной, и излечиться он, я думаю, был не в силах, вот он и жил, ничем другим не занимаясь, а только лечась да мучаясь, как бы не нарушить в чем-либо привычный ему образ жизни. Так, в состоянии беспрерывного умирания, он и дожил до старости благодаря своей премудрости.

— Хорошо же его вознаградило его искусство!

— По заслугам, раз человек не соображал, что Асклепий не по неведению или неопытности ничего не сообщил своим потомкам об этом виде лечения. Асклепий знал, что каждому, кто придерживается законного порядка, назначено какое-либо дело в обществе и он его обязан выполнять, а не заниматься всю жизнь праздным лечением своих болезней. Забавно, что подтверждение этому мы наблюдаем у ремесленников, а у людей богатых и слывущих благополучными этого не замечается.

— Что ты имеешь в виду?

— Плотник, когда заболеет, обращается к врачу за лекарством, вызывающим рвоту или слабительное действие, чтобы таким путем избавиться от болезни, а не то просит сделать ему прижигание или разрез. Если же ему назначат длительное лечение, велят кутать голову и так далее, он сразу же скажет, что ему недосуг хворать, да и ни к чему будет жить, если обращать внимание на болезнь и пренебрегать надлежащей работой. Распростившись с такого рода врачом, он возвращается к своему обычному образу жизни и, если выздоровеет, продолжает заниматься своим делом; если же его тело не способно справиться с болезнью, наступает конец и избавление от хлопот.

— Такому человеку, видимо, именно так подобает пользоваться врачеванием.

— Не потому ли, что у него есть какая-то работа, и, если он не будет ее выполнять, ему и жить ни к чему?

— Очевидно.

— А у богатого, как мы говорили, нет ведь такого обязательного дела, что ему и жизнь станет не в жизнь, если он будет вынужден от него отказаться.

— Но в этом обычно не признаются.

— Ты ведь не согласен с утверждением Фокилида, что крепость тела надо развивать в себе лишь тогда, когда уже обеспечены условия жизни?

— Я думаю, что это надо начинать еще раньше.

— Не будем из-за этого воевать с Фокилидом, а лучше выясним для самих себя, нужно ли богатому человеку заботиться об этом и не будет ли и ему жизнь не в жизнь, если он этим не занимается, или же только плотникам и другим ремесленникам нельзя возиться со своими болезнями, так как это отвлекает их внимание от работы, и совет Фокилида вообще-то ничему не мешает.

— Клянусь Зевсом, — сказал Главкон, — мешает в высшей степени, если такая излишняя забота о своем теле выходит за пределы обычной гимнастики: тогда это раздражает и в домашних делах, и в военных походах и неприятно также в представителях городской власти.

— Но самое главное, такая излишняя забота служит препятствием для приобретения любых званий, для размышлений и работы над собой: ведь людям при этом постоянно мнится, что у них болит или кружится голова, а винят в этом философию, так что там, где эта забота главенствует, она является помехой в том, чтобы развивать и проверять свою добродетель, поскольку из-за этой заботы человек мнит себя вечно больным и непрестанно чувствует боли в теле.

— Это похоже на правду.

— Так не сказать ли нам, что и Асклепию это было известно: у кого от природы здоровое тело и кто ведет здоровый образ жизни, но схватил какую-нибудь необычную болезнь, таким людям и при таком их состоянии Асклепий указал, как надо лечиться, — лекарствами и разрезами надо изгонять болезни, сохраняя, однако, обычный образ жизни, чтобы не пострадали общественные дела. В случае же внутренних болезней, продолжающихся всю жизнь, Асклепий не делал попыток чуть-чуть облегчить положение больного и, изменяя его образ жизни и затягивая болезнь, удлинить человеку никчемную его жизнь да еще дать ему случай произвести, естественно, такое же точно потомство. Кто в положенный человеку срок неспособен жить, того, считал Асклепий, не нужно и лечить, потому что такой человек бесполезен и для себя, и для общества.

— Ты утверждаешь, что Асклепий заботился об обществе?

— Это очевидно. Да и его сыновья показали, что он был таков. Разве ты не видишь, как они отличились в битвах под Троей, где применяли свое врачебное искусство именно так, как я говорю? Или не помнишь, что у Менелая из раны, полученной от стрелы Пандара, они кровь отжимали, смягчающим зельем обсыпавши рану. А насчет того, что нужно потом пить и есть, они дали Менелаю ничуть не больше предписаний, чем Еврипиду, потому что для излечения довольно бывает лекарства, если до ранения человек был здоров и вел упорядоченный образ жизни, хотя бы сейчас и довелось ему выпить смесь из вина, меда, ячменной крупы и тертого сыра.

А жизнь человека, от природы болезненного, да к тому же еще невоздержного, Асклепиады находили бесполезной и для него самого, и для окружающих, так что, считали они, не стоит за ним ухаживать и его лечить, будь он даже богаче царя Мидаса.

— Если верить тебе, сыновья Асклепия были очень смышлеными.

— Так им и полагается, хотя с нами не согласятся ни трагики, ни Пиндар: они уверяют, что хотя Асклепий и был сыном Аполлона, однако дал себя подкупить, чтобы исцелить одного уже умиравшего богача, за что и был испепелен молнией. Но мы, исходя из того, о чем у нас уже шла речь, не верим им ни в том ни в другом: если он был сыном бога, он, скажем мы, не должен был быть корыстолюбив, а если он корыстолюбив, он не был сыном бога.

— Это-то совершенно верно. Но что ты скажешь, Сократ, в отношении следующего: разве не требуются в нашем государстве хорошие врачи? А такими могли бы быть, всего вероятнее, те, через чьи руки прошло как можно больше людей как здоровых, так и больных. Точно так же и с судьями: те из них лучше, кому приходилось общаться с самыми разными по своим природным задаткам людьми.

— Конечно, они должны быть очень хорошими врачами. А знаешь, кого я считаю такими?

— Пожалуйста, скажи мне.

— Что ж, попытаюсь. Но ты в своем вопросе объединил не сходные между собою вещи.

— Как так?

— Искуснейшими врачами стали бы те, кто, начиная с малолетства, кроме изучения своей науки имел бы дело по возможности с большим числом совсем безнадежных больных, да и сам перенес бы всякие болезни и от природы был бы не слишком здоровым. Ведь лечат, по-моему, не телом тело — иначе было бы недопустимо плохое телесное состояние самого врача, — нет, лечат тело душой, а ею невозможно хорошо лечить, если она у врача плохая или стала такой.

— Это верно.

— А судья, друг мой, душой правит над душами. Нельзя, чтобы она у него с юных лет воспитывалась среди порочных душ, общалась с ними, прошла бы через всяческие несправедливости и сама поступала так, — и все это только для того, чтобы по собственному опыту заключать о чужих поступках, как о чужих болезнях заключают по своим. Напротив, душа должна смолоду стать невинной и не причастной к дурным нравам, если ей предстоит безупречно и здраво вершить правосудие. Потому-то люди порядочные и кажутся в их молодые годы простоватыми и легко поддаются обману со стороны людей несправедливых — ведь у них самих нет никаких черточек, созвучных людям испорченным.

— В самом деле, с ними часто так случается.

— Поэтому хорошим судьей будет не юноша, а старик, который лишь в зрелые годы ознакомился с тем, что такое несправедливость. Ее наличие он подметил не у себя в душе и не как собственное свойство, а, напротив, в душах других людей как нечто ему чуждое. Понадобилось много времени, чтобы он научился разбираться в том, каково это зло, — ведь для него оно предмет знания, а не собственного опыта.

— Это будет отличный судья, как видно.

— Да, хороший: вот то, о чем ты спрашивал. Ведь хорош тот, у кого хорошая душа. А человек ловкий и во всем подозревающий лишь дурное, сам совершивший немало несправедливостей и считающий себя мастером на все руки и мудрецом, при этом общаясь с себе подобными, выглядит знатоком своего дела, потому что он всего остерегается, наблюдая на самом себе дурные примеры, но, когда он встречается с хорошими людьми и с теми, кто постарше его, он выглядит глупо, так как бывает некстати недоверчив из-за своего неведения здоровых нравов, — ведь эти примеры ему чужды. А так как с людьми порочными он сталкивается чаще, чем с хорошими, то и самому себе и другим он кажется скорее мудрым, чем невеждой.

— Совершенно верно.

— Стало быть, не такого судью нам надо искать, если мы хотим, чтобы был он хорош и мудр, а такого, как мы указывали прежде. Порочность никогда не может познать ни добродетель, ни самое себя, тогда как добродетель человеческой природы, своевременно получившей воспитание, приобретет знание и о самой себе, и о порочности. Именно такой человек, кажется мне, и становится мудрым, а вовсе не негодяй.

— И мне так кажется.

— Значит, вместе с такого рода судебным искусством ты узаконишь в нашем государстве и врачевание в том виде, как мы говорили. Оба они будут заботиться о гражданах, полноценных в отношении как тела, так и души, а кто не таков, кто полноценен лишь телесно, тем они предоставят вымирать; что касается людей с порочной душой, и притом неисцелимых, то их они сами умертвят.

— Ясно, что так будет всего лучше и для тех, кто страдает подобными недостатками, и для всего государства.

— А юноши, видно, поостерегутся у тебя обращаться в суд, раз они будут владеть тем простым мусическим искусством, которое, как мы говорили, порождает рассудительность.

— Конечно.

— Следуя тем же путем, человек, владеющий мусическим искусством, если пожелает, примет такое же решение, занимаясь гимнастикой, то есть не станет прибегать к врачебной помощи без необходимости.

— Я с этим согласен.

— Он будет заниматься гимнастическими упражнениями и преодолевать трудности во имя природной отваги и пылкости духа, ради их пробуждения, а не ради приобретения силы — не то, что другие атлеты, которые и питаются, и переносят тяготы только для того, чтобы стать покрепче.

— Ты совершенно прав.

— Те, кто установил, что воспитывать надо с помощью мусического и гимнастического искусства, для того ли сделали это, Главкон, чтобы, как думают некоторые, посредством одного развивать тело, а посредством другого — душу?

— А как же иначе?

— Пожалуй, и то и другое установлено главным образом для души.

— Как так?

— Разве ты не замечал, каким бывает духовный склад у тех, кто всю жизнь посвятил гимнастике и вовсе не касался мусического искусства? И каков он у людей, им противоположных?

— Что ты имеешь в виду?

— Грубость и жестокость, с одной стороны, мягкость и изнеженность — с другой.

— Да, я замечал, что занимающиеся только гимнастикой становятся грубее, чем следует, а занимающиеся одним только мусическим искусством — настолько мягкими, что это их не украшает.

— А между тем грубость могла бы способствовать природной ярости духа и при правильном воспитании обратилась бы в мужество; но, конечно, чрезмерная грубость становится тяжкой и невыносимой.

— Да, мне так кажется.

— Что же? Разве кротость не будет свойством характеров, склонных к философии? Правда, излишняя кротость ведет к чрезмерной мягкости, но при хорошем воспитании она остается только кротостью и скромностью.

— Это так.

— А наши стражи, говорим мы, должны обладать обоими этими природными свойствами.

— Да.

— И эти свойства должны согласоваться друг с другом.

— Конечно.

— И в ком они согласованы, душа у того рассудительная и мужественная.

— Вполне.

— А в ком не согласованы — трусливая и грубая.

— И даже очень.

— Если человек допускает, чтобы мусическое искусство завораживало его звуками флейт и через уши, словно через воронку, вливало в его душу те сладостные, нежные и печальные лады, о которых мы только что говорили; если он проводит всю жизнь, то жалобно стеная, то радуясь под воздействием песнопений, тогда, если был в нем яростный дух, он на первых порах смягчается наподобие того, как становится ковким железо, и ранее бесполезный, крутой его нрав может пойти ему ныне на пользу. Но если, не делая передышки, он непрестанно поддается такому очарованию, то он как бы расплавляется, ослабляет свой дух, пока не ослабит его совсем, словно вырезав прочь из души все сухожилия, и станет он тогда «копьеносцем некрепким».

— Несомненно.

— Это происходит быстро, если попадается человек с самого начала по природе своей слабый духом. А у кого яростный дух, тот, и подавив свою горячность, останется вспыльчивым: всякая мелочь его задевает, хотя он и отходчив. Из пылких такие люди становятся раздражительными, гневливыми и полными недовольства.

— Вот именно.

— Что же? Если человек кладет много труда на телесные упражнения, хорошо и обильно ест, но не причастен ни к мусическому искусству, ни к философии, не преисполнится ли он высокомерия и пыла и не прибавит ли он себе мужества?

— Вполне возможно.

— И что же? Раз он ничем другим не занимается и никак не общается с Музой, его жажда учения, даже если она и была в его душе, не отведала ни познания, ни поиска, осталась непричастной к сочинительству и к прочим мусическим искусствам, а потому она слабеет, делается глухой и слепой, так как она не побуждает этого человека, не питает его и не очищает его ощущений.

— Да, это так.

— Такой человек, по-моему, становится ненавистником слова, невеждой; он совсем не пользуется даром словесного убеждения, а добивается всего дикостью и насилием, как зверь; он проводит жизнь в невежестве и глупости, нескладно и непривлекательно.

— Это совершенно верно.

— Очевидно, именно ради этих двух сторон [человеческой природы] какой-то, я бы сказал, бог даровал людям два искусства: мусическое искусство и гимнастику, но не ради души и тела (это разве что между прочим), а ради яростного и философского начал в человеке, чтобы оба они согласовывались друг с другом, то как бы натягиваясь, то расслабляясь, пока не будет достигнуто надлежащее их состояние.

— Видимо, это так.

— Стало быть, кто наилучшим образом чередует гимнастические упражнения с мусическим искусством и в надлежащей мере преподносит их душе, того мы вправе были бы считать достигшим совершенства в мусическом искусстве и осуществившим полную слаженность гораздо более, чем тот, кто настраивает струны.

— Естественно, это так, Сократ.

— Значит, Главкон, и в нашем государстве для сохранения его устройства будет постоянно нужен какой-то такой попечитель.

— И очень даже будет нужен.

— Главные образцы воспитания и обучения пусть будут у нас такими. К чему пускаться в подробности о том, какими будут у наших граждан хороводные пляски, звероловство, псовая охота, .состязания атлетов и соревнования в управлении конями и колесницами? В общем примерно ясно, что все это должно согласоваться с главными образцами, так что здесь уже не трудно будет найти то, что требуется.

— Пожалуй, не трудно.

ОТБОР ПРАВИТЕЛЕЙ И СТРАЖЕЙ

— Но что же нам предстоит разобрать после этого? Может быть, кто из этих наших граждан должен начальствовать, а кто — быть под началом?

— Конечно.

— Ясно, что начальствовать должны те, кто постарше, а быть под началом те, кто помоложе.

— Ясно.

— И притом начальствовать должны самые лучшие.

— И это ясно.

— А из земледельцев самые лучшие разве не те, кто отличился в земледелии?

— Да.

— Ну а теперь вот что: раз наши граждане должны быть лучшими из стражей, значит, ими будут те, кто наиболее пригоден для охраны государства?

— Да.

— Здесь требуется и понимание, и способности, а кроме того, и забота о государстве.

— Разумеется.

— А всякий больше всего заботится о том, что он любит.

— Непременно.

— Любит же он что-либо больше всего, когда считает, что польза дела — это и его личная польза, и когда находит, что успех дела совпадает с его собственной удачей, в противном же случае — наоборот.

— Да, это так.

— Значит, из стражей надо выбрать таких людей, которые, по нашим наблюдениям, целью всей своей жизни поставили самое ревностное служение государственной пользе и ни в коем случае не согласились бы действовать вопреки ей.

— Это были бы подходящие попечители.

— По-моему, среди людей любого возраста надо нам подмечать того, кто способен быть на страже таких воззрений, так что ни обольщения, ни насилие не заставят его забыть или отбросить мнение, что надлежит делать наилучшее для государства.

— Как это ты говоришь — отбросить?

— Я скажу тебе. Мне кажется, что мнения выпадают из сознания человека иногда по его воле, а иногда невольно: по его воле, если человек, передумав, отбрасывает ложное мнение, невольно же — когда он отбрасывает любое истинное мнение.

— Как это происходит по нашей воле, я понимаю, но как это бывает невольно, это мне еще надо понять.

— Почему? Разве ты не считаешь, что люди лишаются чего-нибудь хорошего лишь против своей воли, а плохого — всегда добровольно? Разве это не плохо — заблуждаться насчет истины и разве не хорошо — ее придерживаться? Иметь мнение о том, что действительно существует, разве это, по-твоему, не значит придерживаться истины?

— Ты прав. Мне тоже кажется, что истинных мнений люди лишаются лишь невольно.

— Стало быть, это случается, когда людей обкрадывают, обольщают или насилуют?

— Теперь я снова не понимаю.

— Видно, я выражаюсь, как в трагедиях. Обокраденными я называю тех, кто дал себя переубедить или кто забывчив: одних незаметным для них образом обкрадывает время, других — словесные доводы. Теперь ты понимаешь?

— Да.

— Подвергшимися насилию я называю тех, кого страдания или горе заставили изменить свое мнение.

— Это я тоже заметил. Ты верно говоришь.

— Обольщенными же и ты признаешь, я думаю, тех, кто изменил свое мнение, завороженный удовольствиями или охваченный страхом перед чем-нибудь.

— Все обманчивое, естественно, обольщает.

— Так вот, как я только что и говорил, надо искать людей, которые всех доблестнее стоят на страже своих взглядов и считают, что для государства следует делать все, по их мнению, наилучшее. Даже в их детские годы, предлагая им занятия, надо наблюдать, в чем кто из них бывает особенно забывчив и поддается обману. Памятливых и не поддающихся обману надо отбирать, а кто не таков, тех отвергнуть. Не так ли?

— Да.

— Надо также возлагать на них труды, тяготы и состязания и там подмечать то же самое.

— Правильно.

— Надо, стало быть, устроить для них испытание и третьего вида, то есть проверку при помощи обольщения, и при этом надо их наблюдать. Подобно тому как жеребят гоняют под шум и крик, чтобы подметить, пугливы ли они, так и юношей надо подвергать сначала чему-нибудь страшному, а затем, для перемены, приятному, испытывая их гораздо тщательнее, чем золото в огне: так выяснится, не поддается ли юноша обольщению, во всем ли он благопристоен, хороший ли он страж как самого себя, так и мусического искусства, которому он обучался, покажет ли он себя при всех обстоятельствах умеренным и гармоничным, способным принести как можно больше пользы и себе, и государству. Кто прошел это испытание и во всех возрастах — детском, юношеском и зрелом — выказал себя человеком цельным, того и надо ставить правителем и стражем государства, ему следует воздавать почести и при жизни, и после смерти, удостоив почетных похорон и особо увековечив о нем память. А кто не таков, тех надо отвергнуть. Вот каким должен быть отбор правителей и стражей и их назначение; правда, это сказано сейчас лишь в главных чертах, без подробностей.

— Мне тоже кажется, что это должно быть так.

— Разве не с полным поистине правом можно назвать таких стражей совершенными? Они охраняли бы государство от внешних врагов, а внутри него оберегали бы дружественных граждан, чтобы у этих не было желания, а у тех — сил творить зло. А юноши, которых мы называем стражами, были бы помощниками правителей и проводниками их взглядов.

— Я согласен.

— Но какое мы нашли бы средство заставить преимущественно самих правителей — а если это невозможно, так хоть остальных граждан — поверить некоему благородному вымыслу из числа тех, которые, как мы недавно говорили, возникают по необходимости?

— Какому же это вымыслу?

— Вовсе не новому, а финикийскому: прежде это нередко случалось, как рассказывают поэты, и люди им верят, но в наше время этого не бывало, и не знаю, может ли быть, и, чтобы заставить этому верить, требуются очень убедительные доводы.

— Ты, видимо, не решаешься сказать.

— Моя нерешительность покажется тебе вполне естественной, когда я скажу.

— Говори, не бойся.

— Хорошо, я скажу, хотя и не знаю, как мне набраться смелости и какими выражениями воспользоваться. Я попытаюсь внушить сперва самим правителям и воинам, а затем и остальным гражданам, что то, как мы их воспитывали и взращивали, и все, что они пережили и испытали, как бы привиделось им во сне, а на самом-то деле они тогда находились под землей и вылепливались и взращивались в ее недрах — как сами они, так и их оружие и различное изготовляемое для них снаряжение. Когда же они были совсем закончены, земля, будучи их матерью, произвела их на свет. Поэтому они должны и поныне заботиться о стране, в которой живут, как о матери и кормилице, и защищать ее, если кто на нее нападет, а к другим гражданам относиться как к братьям, также порожденным землей.

— Недаром ты так долго стеснялся изложить этот вымысел.

— Вполне естественно. Однако выслушай и остальную часть сказания. Хотя все члены государства братья (так скажем мы им, продолжая этот миф), но бог, вылепивший вас, в тех из вас, кто способен править, примешал при рождении золота, и поэтому они наиболее ценны, в помощников их — серебра, железа же и меди — в земледельцев и разных ремесленников. Все вы друг другу родственники, но большей частью рождаете себе подобных, хотя все же бывает, что от золота родится серебряное потомство, а от серебра — золотое; то же и в остальных случаях. От правителей бог требует прежде всего и преимущественно, чтобы именно здесь они оказались доблестными стражами и ничто так усиленно не оберегали, как свое потомство, наблюдая, что за примесь имеется в душе их детей, и, если ребенок родится с примесью меди или железа, они никоим образом не должны иметь к нему жалости, но поступать так, как того заслуживают его природные задатки, то есть включать его в число ремесленников или земледельцев; если же у последних родится кто-нибудь с примесью золота или серебра, это надо ценить и с почетом переводить его в стражи или в помощники. Имеется, мол, предсказание, что государство разрушится, когда его будет охранять железный страж или медный. Но как заставить поверить этому мифу, есть ли у тебя для этого какое-нибудь средство?

— Никакого, чтобы поверили сами стражи, но можно это внушить их сыновьям и позднейшим потомкам.

— Однако уже и это способствовало бы тому, чтобы граждане с большей заботой относились и к государству, и друг к другу, я примерно так понимаю твои слова. Успех здесь зависит от того, насколько распространится такая молва; мы же, снабдив этих наших земнородных людей оружием, двинемся с ними вперед под руководством правителей. Придя на место, пусть они осмотрятся, где им всего лучше раскинуть в городе лагерь, чтобы удобнее было держать жителей в повиновении в случае, если кто-нибудь не пожелает подчиняться законам, и отражать внешних врагов, если неприятель нападет, как волк на стадо. Раскинув лагерь и совершив надлежащие жертвоприношения, пусть они займутся устройством жилья. Не так ли?

— Да, так.

— Жилье, не правда ли, должно быть таким, чтобы могло укрывать их и зимой, и летом?

— Как же иначе? Ведь ты, мне кажется, говоришь о домах.

— Да, но о домах для воинов, а не для дельцов.

— А в чем же, по-твоему, здесь разница?

— Попытаюсь тебе объяснить. Самое ужасное и безобразное — это если пастухи так растят собак для охраны стада, что те от непослушания ли, с голоду или вследствие дурного обычая причиняют овцам зло и похожи не на собак, а на волков.

— Это ужасно, конечно.

— Надо всячески остерегаться, чтобы помощники [правителей], раз уже они превосходят граждан, не делали бы у нас по отношению к ним ничего подобного, но оставались бы их доброжелательными союзниками и не уподоблялись свирепым владыкам.

— Да, этого надо остерегаться.

— Разве не чрезвычайно предусмотрительным было бы позаботиться о том, чтобы они были действительно хорошо воспитаны?

— Но ведь это так и есть, — заметил Главкон.

Тут я сказал:

— На этом не стоит настаивать, дорогой мой Главкон. Лучше будем утверждать то, о чем мы недавно говорили: они должны получить правильное воспитание, каково бы оно ни было, раз им предстоит соблюдать самое главное — с кротостью относиться и друг к другу, и к охраняемым ими гражданам.

— Это мы правильно говорили. Взять быт стражей. В дополнение к их воспитанию, скажет всякий здравомыслящий человек, надо устроить их жилища и прочее их имущество так, чтобы это не мешало им быть наилучшими стражами и не заставляло бы их причинять зло остальным гражданам.

— Да, здравомыслящий человек скажет именно так.

— Смотри же, — продолжал я, — если им предстоит быть такими, не следует ли устроить их жизнь и жилища примерно вот каким образом: прежде всего никто не должен обладать никакой частной собственностью, если в том нет крайней необходимости. Затем, ни у кого не должно быть такого жилища или кладовой, куда не имел бы доступа всякий желающий. Припасы, необходимые для рассудительных и мужественных знатоков военного дела, они должны получать от остальных граждан в уплату за то, что их охраняют. Количества припасов должно хватать стражам на год, но без излишка. Столуясь все вместе, как во время военных походов, они и жить будут сообща. А насчет золота и серебра надо сказать им, что божественное золото — то, что от богов, — они всегда имеют в своей душе, так что ничуть не нуждаются в золоте человеческом, да и нечестиво было бы, обладая тем золотом, осквернять его примесью золота смертного: у них оно должно быть чистым, не то что ходячая монета, которую часто нечестиво подделывают. Им одним не дозволено в нашем государстве пользоваться золотом и серебром, даже прикасаться к ним, быть с ними под одной крышей, украшаться ими или пить из золотых и серебряных сосудов. Только так могли бы стражи остаться невредимыми и сохранить государство. А чуть только заведется у них собственная земля, дома, деньги, как сейчас же из стражей станут они хозяевами и земледельцами; из союзников остальных граждан сделаются враждебными им владыками; ненавидя сами и вызывая к себе ненависть, питая злые умыслы и их опасаясь, будут они все время жить в большем страхе перед внутренними врагами, чем перед внешними, а в таком случае и сами они, и все государство устремится к своей скорейшей гибели.

Вот по этим причинам, как я сказал, и надо именно так устроить жилища стражей и все прочее и возвести это в закон. Или ты не согласен?

— Согласен, — отвечал Главкон. <...>

Вмешался Адимант.

— Как же тебе защититься, Сократ, — сказал он, — если станут утверждать, что не слишком-то счастливыми делаешь ты этих людей, и притом они сами будут в этом виноваты: ведь, говоря по правде, государство в их руках, но они не воспользуются ничем из предоставляемых государством благ, между тем как другие приобретут себе пахотные поля, выстроят большие, прекрасные дома, обставят их подобающим образом, будут совершать богам свои особые жертвоприношения, гостеприимно встречать чужеземцев, владеть тем, о чем ты только что говорил, — золотом и серебром и вообще всем, что считается нужным для счастливой жизни.

Видимо, твои стражи обосновались в государстве, можно сказать, попросту как наемные вспомогательные отряды, исключительно для сторожевой службы.

— Да, — сказал я, — и вдобавок в отличие от остальных они служат только за продовольствие, не получая сверх него никакого вознаграждения, так что им невозможно ни выезжать в чужие земли по собственному желанию, ни подносить подарки гетерам, ни производить иные траты по своему усмотрению, какие бывают у тех, кто слывет счастливым. Все это и еще многое другое в том же роде ты упустил, выдвигая против меня твое обвинение.

— Ну так включим все это в обвинение, — сказал Адимант.

— Значит, ты спрашиваешь, как мы построим свою защиту?

— Да. Модель идеального государства (утопия).

— Я думаю, мы найдем, что сказать, если двинемся по тому же пути. Мы скажем, что нет ничего удивительного, если наши стражи именно таким образом будут наиболее счастливы; а впрочем, мы основываем это государство, вовсе не имея в виду сделать как-то особенно счастливым один из слоев его населения, но, наоборот, хотим сделать таким все государство в целом. Ведь именно в таком государстве мы рассчитывали найти справедливость, а несправедливость, наоборот, в наихудшем государственном строе и на основании этих наблюдений решить вопрос, так долго нас занимающий. Сейчас мы лепим в нашем воображении государство, как мы полагаем, счастливое, но не в отдельно взятой его части, не так, чтобы лишь кое-кто в нем был счастлив, но так, чтобы оно было счастливо все в целом; а вслед за тем мы рассмотрим государство, ему противоположное. Это вроде того, как если бы мы писали картину, а кто-нибудь подошел и стал порицать нас за то, что для передачи самых красивых частей живого существа мы не пользуемся самыми красивыми красками, например если глаза, хотя это самое красивое, были бы нарисованы не пурпуром, а черным цветом. Пожалуй, было бы уместно, защищаясь от таких упреков, сказать: «Чудак, не думай, будто мы должны рисовать глаза до того красивыми, что они и на глаза-то вовсе не будут похожи; то же самое относится и к другим частям тела, — ты смотри, выходит ли у нас красивым все в целом, когда мы каждую часть передаем подобающим образом.

Вот и сейчас — не заставляй нас соединять с должностью стражей такое счастье, что оно сделает их кем угодно, только не стражами. Мы сумели бы и земледельцев нарядить в пышные одежды, облечь в золото и предоставить им лишь для собственного удовольствия возделывать землю, а гончары пускай с удобством разлягутся у очага, пьют себе вволю и пируют, пододвинув поближе гончарный круг и занимаясь своим ремеслом лишь столько, сколько им захочется. И всех остальных мы подобным же образом можем сделать счастливыми, чтобы так процветало все государство.

Нет, не уговаривай нас, ведь если мы тебя послушаем, то и земледелец не будет земледельцем, и гончар — гончаром, и вообще никто из людей, составляющих государство, не сохранит своего лица. Впрочем, в иных случаях это еще не так важно. Ведь если сапожники станут негодными, испорченными и будут выдавать себя не за то, что они есть на самом деле, в этом государству еще нет беды. Но если люди, стоящие на страже законов и государства, таковы не по существу, а только такими кажутся, ты увидишь, что они разрушат до основания все государство, и только у них одних будет случай хорошо устроиться и процветать».

Если мы сделаем стражей подлинными стражами, они никоим образом не станут причинять зла государству. А кто толкует о каких-то земледельцах, словно они не члены государства, а праздные и благополучные участники всенародного пиршества, тот, вероятно, имеет в виду не государство, а что-то иное. Нужно решить, ставим ли мы стражей, имея в виду наивысшее благополучие их самих, или же нам надо заботиться о государстве в целом и его процветании. Стражей и их помощников надо заставить способствовать этому и надо внушить им, чтобы они стали отличными мастерами своего дела, да и всем остальным тоже. Таким образом, при росте и благоустройстве нашего государства надо предоставить всем сословиям возможность иметь свою долю в общем процветании соответственно их природным данным.

— По-моему, ты хорошо говоришь.

— Но покажется ли тебе правильно сказанным то, что очень с этим сходно?

— А что именно?

— Посмотрим, не это ли портит всех остальных мастеров, так что они становятся плохими...

— Что ты имеешь в виду?

— Богатство и бедность.

— Как это?

— А вот как: разбогатевший горшечник захочет ли, по-твоему, совершенствоваться в своем ремесле?

— Нисколько.

— Скорее он будет становиться все более ленивым и небрежным?

— И даже очень.

— Значит, он станет худшим горшечником?

— И это, конечно, так.

— А если по бедности он не может завести себе инструмента или чего-нибудь другого нужного для его ремесла, то его изделия будут хуже и он хуже обучит этому делу своих сыновей и других учеников.

— Да, не иначе.

— Значит, и от того, и от другого — и от бедности, и от богатства — хуже становятся как изделия, так и сами мастера.

— Это очевидно.

— Так, по-видимому, мы нашли для наших стражей еще что-то такое, чего надо всячески остерегаться, как бы оно не проникло в государство незаметным для стражей образом.

— Что же это такое?

— Богатство и бедность. Одно ведет к роскоши, лени, новшествам, другая — к низостям и злодеяниям. <...>

МОДЕЛЬ ИДЕАЛЬНОГО ГОСУДАРСТВА

(Утопия)

— Я думаю, мы найдем, что сказать, если двинемся по тому же пути. Мы скажем, что нет ничего удивительного, если наши стражи именно таким образом будут наиболее счастливы; а впрочем, мы основываем это государство, вовсе не имея в виду сделать как-то особенно счастливым один из слоев его населения, но, наоборот, хотим сделать таким все государство в целом. Ведь именно в таком государстве мы рассчитывали найти справедливость, а несправедливость, наоборот, в наихудшем государственном строе и на основании этих наблюдений решить вопрос, так долго нас занимающий. Сейчас мы лепим в нашем воображении государство, как мы полагаем, счастливое, но не в отдельно взятой его части, не так, чтобы лишь кое-кто в нем был счастлив, но так, чтобы оно было счастливо все в целом; а вслед за тем мы рассмотрим государство, ему противоположное. Это вроде того, как если бы мы писали картину, а кто-нибудь подошел и стал порицать нас за то, что для передачи самых красивых частей живого существа мы не пользуемся самыми красивыми красками, например если глаза, хотя это самое красивое, были бы нарисованы не пурпуром, а черным цветом. Пожалуй, было бы уместно, защищаясь от таких упреков, сказать: «Чудак, не думай, будто мы должны рисовать глаза до того красивыми, что они и на глаза-то вовсе не будут похожи; то же самое относится и к другим частям тела, — ты смотри, выходит ли у нас красивым все в целом, когда мы каждую часть передаем подобающим образом.

Вот и сейчас — не заставляй нас соединять с должностью стражей такое счастье, что оно сделает их кем угодно, только не стражами. Мы сумели бы и земледельцев нарядить в пышные одежды, облечь в золото и предоставить им лишь для собственного удовольствия возделывать землю, а гончары пускай с удобством разлягутся у очага, пьют себе вволю и пируют, пододвинув поближе гончарный круг и занимаясь своим ремеслом лишь столько, сколько им захочется. И всех остальных мы подобным же образом можем сделать счастливыми, чтобы так процветало все государство.

Нет, не уговаривай нас, ведь если мы тебя послушаем, то и земледелец не будет земледельцем, и гончар — гончаром, и вообще никто из людей, составляющих государство, не сохранит своего лица. Впрочем, в иных случаях это еще не так важно. Ведь если сапожники станут негодными, испорченными и будут выдавать себя не за то, что они есть на самом деле, в этом государству еще нет беды. Но если люди, стоящие на страже законов и государства, таковы не по существу, а только такими кажутся, ты увидишь, что они разрушат до основания все государство, и только у них одних будет случай хорошо устроиться и процветать».

Если мы сделаем стражей подлинными стражами, они никоим образом не станут причинять зла государству. А кто толкует о каких-то земледельцах, словно они не члены государства, а праздные и благополучные участники всенародного пиршества, тот, вероятно, имеет в виду не государство, а что-то иное. Нужно решить, ставим ли мы стражей, имея в виду наивысшее благополучие их самих, или же нам надо заботиться о государстве в целом и его процветании. Стражей и их помощников надо заставить способствовать этому и надо внушить им, чтобы они стали отличными мастерами своего дела, да и всем остальным тоже. Таким образом, при росте и благоустройстве нашего государства надо предоставить всем сословиям возможность иметь свою долю в общем процветании соответственно их природным данным.

— По-моему, ты хорошо говоришь.

— Но покажется ли тебе правильно сказанным то, что очень с этим сходно?

— А что именно?

— Посмотрим, не это ли портит всех остальных мастеров, так что они становятся плохими...

— Что ты имеешь в виду?

— Богатство и бедность.

— Как это?

— А вот как: разбогатевший горшечник захочет ли, потвоему, совершенствоваться в своем ремесле?

— Нисколько.

— Скорее он будет становиться все более ленивым и небрежным?

— И даже очень.

— Значит, он станет худшим горшечником?

— И это, конечно, так.

— А если по бедности он не может завести себе инструмента или чего-нибудь другого нужного для его ремесла, то его изделия будут хуже и он хуже обучит этому делу своих сыновей и других учеников.

— Да, не иначе.

— Значит, и от того, и от другого — и от бедности, и от богатства — хуже становятся как изделия, так и сами мастера.

— Это очевидно.

— Так, по-видимому, мы нашли для наших стражей еще что-то такое, чего надо всячески остерегаться, как бы оно не проникло в государство незаметным для стражей образом.

— Что же это такое?

— Богатство и бедность. Одно ведет к роскоши, лени, новшествам, другая — к низостям и злодеяниям. <...>

Комментарий

Люди в течение тысяч лет задаются вопросом, каким государство должно быть «в идеале». Этому и посвящен трактат древнегреческого философа Платона «Государство» (427–347 до н.э. предположительно). Платон испытывал отвращение к афинской демократии. После осуждения и гибели Сократа, в период, когда демократы вернулись к власти, Платон отправляется к одному из старших учеников Сократа — Евклиду — в Мегару. Однако вскоре он возвращается в Афины, потом предпринимает путешествие в Южную Италию и на Сицилию. Он пытался реализовать свои идеи и принял участие в политической жизни на стороне местной аристократии. Но политическая деятельность Платона не была успешной. Никакой реализации его идеи не получили.

Идеальное государство трактуется Платоном как реализация мира идей в земной общественно-политической жизни в городе — в полисе. Представляя идеальное общество, Платон проводит аналогию между справедливым человеком и справедливым государством. Так, трем началам человеческой души — разумному, яростному и вожделеющему — аналогичны в государстве три схожих начала — совещательное, защитное и деловое, а им соответствуют три сословия — правителей, воинов и производителей (ремесленников и земледельцев). Идеальное государство Платона — справедливое правление благородных. Таким образом, лучший тип государственного устройства — если среди правителей выделится кто-нибудь один — монархия, если несколько правителей — аристократия.

Идеальному (аристократическому) государственному устройству Платон противопоставляет четыре других. Платон считает, что главная причина порчи обществ и государств (которые когда-то, во времена «золотого века» имели «совершенный» строй) заключена в «господстве корыстных «интересов», обуславливающих поступки и поведение людей. В соответствии с этим основным недостатком Платон подразделяет все существующие государства на четыре разновидности в порядке ухудшения государственности, «извращения» совершенного типа, нарастания «корыстных интересов» в их строе.

Тимократия — власть честолюбцев, по мнению Платона, еще сохранила черты «совершенного» строя. Она появляется, когда появляется частная собственность на землю и дома, происходит превращение свободных в рабов. Это ведет к вырождению идеальной аристократии и возникновению тимократии. В государстве такого типа, по мысли Платона, правители и воины были свободны от земледельческих и ремесленных работ. Большое внимание уделяется спортивным упражнениям. Однако при этом люди такого государства отличаются жадностью, грубостью и корыстностью. Удовольствиям они предаются втайне, «убегая от закона, как дети от старого отца, ведь воспитало их насилие, а не убеждение». У людей заметно стремление к обогащению, что обуславливает переход к олигархии.

Олигархия — «строй, основывающийся на имущественном цензе». В олигархическом государстве уже имеется четкое разделение на богатых (немногочисленный правящий класс) и бедных, которые не участвуют в управлении и которые делают возможной совершенно беззаботную жизнь правящего класса. В этом государстве как бы два государства: одно — бедняков, другое — богачей. У бедных появляется ненависть против бездельников-богатых, приводящая к перевороту в государстве и установлению демократии

Демократия. В этом государстве будет «полная свобода и откровенность и возможность делать что хочешь». В таком обществе к власти может придти человек, который не имеет способности к управлению и не добродетелен, но ему оказывается почет, лишь бы он обнаружил свое расположение к толпе. Однако демократия «опьяняется свободой в неразбавленном виде», она еще более усиливает разобщенность бедных и богатых классов общества, возникают восстания, кровопролития, борьба за власть, что может привести к возникновению наихудшей государственной системы — тирании. Мы помним, молодые греки в древности пили вино разбавленным, поскольку виноградное сусло само по себе может забродить и до 20% спирта, а юношам это неполезно — может возникнуть головокружение умеренное до сильного. Поэтому, характеризуя зрелого человека, древние греки говорили: «Он давно пьет неразбавленное вино».

Тирания. По мнению Платона, если некое действие делается слишком сильно, то это приводит к противоположному результату. Так и здесь: избыток свободы при демократии приводит к возникновению государства, вообще не имеющего свободы, живущего по прихоти одного человека — тирана.

Отрицательные формы государственной власти Платон противопоставляет своему видению «идеального» общественного устройства. По его мнению, правителями «идеального» государства должны быть исключительно философы, для того чтобы в государстве властвовали рассудительность, разум. Именно философы обуславливают благосостояние, справедливость государства Платона, ведь им свойственны «правдивость, решительное неприятие какой бы то ни было лжи, ненависть к ней и любовь к истине». Платон считает, что любое новшество в идеальном государстве неизбежно ухудшит его (нельзя улучшить «идеальное»). Очевидно, что именно философы будут охранять «идеальный» строй, законы от всяческих нововведений, ведь они обладают «...всеми качествами правителей и стражей идеального государства». Именно поэтому деятельность философов обуславливает существование «идеального» государства, его неизменность. По мысли Платона, философы охраняют покой остальных людей. Благодаря философам правление и вся жизнь «идеального» государства будет построена по законам разума, мудрости, там не будет места порывам души и чувствам.

Если в государстве Платона существуют люди, которые занимаются законами и устройством государства, то естественно предположить, что в нем существуют и люди, занимающиеся исключительно земледелием, ремеслом. Действительно, основной закон существования «идеального» государства состоит в том, что каждый член общества обязан выполнять только то дело, к которому он пригоден.

Всех жителей «идеального» государства автор разделяет на три класса. Низший класс объединяет людей, которые производят необходимые для государства вещи или способствуют этому; в него входят самые разные люди, связанные с ремеслом, земледелием, рыночными операциями, деньгами, торговлей и перепродажей — это земледельцы, ремесленники, торговцы. Несмотря на то что торговцами и земледельцами могут быть совершенно различные люди, все они, по Платону, стоят приблизительно на одной ступени нравственного развития. Внутри этого низшего класса также существует четкое разделение труда: кузнец не может заняться торговлей, а торговец по собственной прихоти не может стать земледельцем.

Принадлежность человека ко второму и третьему классам, а это классы воинов-стражей и правителей-философов, определяется уже не по профессиональным, а по нравственным критериям. Нравственные качества этих людей Платон ставит гораздо выше нравственных качеств первого класса.

В своем трактате Платон создает тоталитарную систему разделения людей на разряды, которая немного смягчается возможностью перехода из класса в класс (это достигается путем длительного воспитания и самосовершенствования). Переход этот осуществляется под руководством правителей. Откуда эти правители возьмутся — пока неясно.

Но если даже среди правителей появится человек, больше подходящий для низшего класса, то его необходимо «понизить в звании» без сожаления. Таким образом, Платон считает, что для благосостояния государства каждый человек должен заниматься тем делом, для которого он приспособлен наилучшим образом. Если человек будет заниматься не своим делом, но внутри своего класса, то это еще не гибельно для «идеального» государства. Когда же человек незаслуженно из сапожника (первый класс) становится воином (второй класс) или же воин незаслуженно становится правителем (третий класс), то это грозит крахом всему государству, поэтому такой «перескок» считается «высшим преступлением» против системы, ведь для блага всего государства в целом человек должен делать только то дело, к которому он наилучшим образом приспособлен.

Для Платона «идеальное» обозначает «сущность», «форму», «вид», «облик» предмета. Это умопостигаемая, внутренняя форма вещи, а не та, что непосредственно дана чувственному восприятию. Это понимание предмета Власти еще очень мало применимо в практической жизни общества. Поэтому одним из самых распространенных эпитетов, которым обычно сопровождают «идеальное государство» Платона — это изобретенное им слово «Утопия», место, которого нигде не существует.

Литература

1. Лосев А.Ф. «Жизненный и творческий путь Платона» // Платон, собр. соч., т.1, М, 1990.

2. Платон, собр. соч., т.3, ч. 1, «Государство» // М, 1971.

3. Поппер К. «Открытое общество и его враги», т. 1, «Чары Платона», // М, 1992.

Никколо МАКИАВЕЛЛИ

ГОСУДАРЬ

Скольких видов бывают государства и как они приобретаются · О наследственном единовластии · О новых государствах, приобретаемых собственным оружием или доблестью · О новых государствах, приобретаемых чужим оружием или милостью судьбы · О тех, кто приобретает власть злодеяниями · О гражданском единовластии · Как следует измерять силы всех государств · О церковных государствах · О войсках союзнических, смешанных и собственных · Как государь должен поступать касательно военного дела · О том, как государи должны держать слово · О том, каким образом избегать ненависти и презрения · Как надлежит поступать государю, чтобы его почитали · О советниках государей. Как избежать льстецов

НИККОЛО МАКИАВЕЛЛИ – ЕГО СВЕТЛОСТИ ЛОРЕНЦО ДЕИ МЕДИЧИ*

Обыкновенно, желая снискать милость правителя, люди посылают ему в дар то, что имеют самого дорогого, или чем надеются доставить ему наибольшее удовольствие, а именно: коней, оружие, парчу, драгоценные камни и прочие украшения, достойные величия государей.

Я же, вознамерившись засвидетельствовать мою преданность Вашей светлости, не нашел среди того, чем владею, ничего более дорогого и более ценного, нежели познания мои в том, что касается деяний великих людей, приобретенных мною многолетним опытом в делах настоящих и непрестанным изучением дел минувших. Положив много времени и усердия на обдумывание того, что я успел узнать, я заключил свои размышления в небольшом труде, который посылаю в дар Вашей светлости. И хотя я полагаю, что сочинение это недостойно предстать перед вами, однако же верю, что по своей снисходительности вы удостоите принять его, зная, что не в моих силах преподнести вам дар больший, нежели средство в кратчайшее время постигнуть то, что сам я узнавал ценой многих опасностей и тревог. Я не заботился здесь ни о красоте слога, ни о пышности и звучности слов, ни о каких внешних украшениях и затеях, которыми многие любят расцвечивать и уснащать свои сочинения, ибо желаю, чтобы мой труд либо остался в безвестности, либо получил признание единственно за необыч-

* Выбранные главы цитируются по кн.: Макиавелли Н. Избранные произведения. М.: «Художественная литература»,1982. Перевод: Г. Муравьевой.

ность и важность предмета. Я желал бы также, чтобы не сочли дерзостью то, что человек низкого и ничтожного звания берется обсуждать и направлять действия государей. Как художнику, когда он рисует пейзаж, надо спуститься в долину, чтобы охватить взглядом холмы и горы, и подняться в гору, чтобы охватить взглядом долину, так и здесь: чтобы постигнуть сущность народа, надо быть государем, а чтобы постигнуть природу государей, надо принадлежать к народу.

Пусть же Ваша светлость примет сей скромный дар с тем чувством, какое движет мною; если вы соизволите внимательно прочитать и обдумать мой труд, вы ощутите, сколь безгранично я желаю Вашей светлости того величия, которое сулит вам судьба и ваши достоинства. И если с той вершины, куда вознесена Ваша светлость, взор ваш когда-либо обратиться на ту низменность, где я обретаюсь, вы увидите, сколь незаслуженно терплю я великие и постоянные удары судьбы.

СКОЛЬКИХ ВИДОВ БЫВАЮТ ГОСУДАРСТВА И КАК ОНИ ПРИОБРЕТАЮТСЯ

Все государства, все державы, обладавшие или обладающие властью над людьми, были суть либо республики, либо государства, управляемые единовластно. Последние могут быть либо унаследованными — если род государя правил долгое время, либо новыми. Новым может быть либо государство в целом — таков Милан для Франческо Сфорца; либо его часть, присоединенная к унаследованному государству вследствие завоевания, — таково Неаполитанское королевство для короля Испании. Новые государства разделяются на те, где подданные привыкли повиноваться государям, и те, где они искони жили свободно; государства приобретаются либо своим, либо чужим оружием, либо милостью судьбы, либо доблестью.

СЕМЬЯ СФОРЦА И ВОКРУГ НЕЁ

Вскоре после возвращения Людовико из изгнания в 1479 г., он начал поиск скульптора для создания конного памятника его отца, Франческо, который скончался в 1466-м. Этот поиск продолжал планы, начатые князем Галеаццо Мария Сфорца в 1473 г. В то же самое время Венеция также искала скульпторов для возведения конного памятника, и в августе 1479-го сенат Венецианской Республики пригласил Андреа дель Верроккьо представить модель для бронзовой конной статуи капитана Бартоломео Чоллеони из Бергамо (который был закончен в 1488). Людовико был, вероятно, осведомлен об этом и должен был учитывать политическое значение такой статуи, если он собирался стать князем в Милане. Памятник «Гаттамелата» работы Донателло в Падуе (1446–1453), Марку Аврелию в Риме (около 180 г.) и Regisole в Павии (около 161 г.) — все стали известными символами этих городов. Если Людовико был в состоянии предложить заказ на конную статую старику Вероккьо, то он так же мог предлагать его и Леонардо.

Согласно да Кастильоне Сабба, нравоописателя того времени, Леонардо занимался работой над скульптурой «Сфорца на коне» уже к 1483 году. В 1499-м, по свидетельству да Кастильоне Сабба, французские лучники разрушили то, что осталось от гигантской глиняной статуи лошади Леонардо, которая достигала в высоту 7 метров. Сабба отмечает, что скульптор работал над этим монументом непрерывно в течение 16 лет. Это датирует интерес Леонардо в работе над колоссальной статуей Сфорца около 1483 г., примерно ко времени его письма к Людовико Сфорца с предложением разработать и построить памятник.

Брат Людовико, Галеаццо Мария, продумал исходный общий план для подобного проекта в 1473-м, для того чтобы увековечить победы их отца, Франческо Сфорца. Французы хотели разрушить все творения Сфорца в отместку за то, что Людовико в 1494 г. помогал в изгнании французских захватчиков из Италии, и, после 1499-го только tesserae (части прессформы из терракоты) остались от проекта создания этой лошади Сфорца — однако и они очень скоро погибли.

Леонардо произвел многочисленные подготовительные чертежи и наброски для «Сфорца на коне» от середины 148-х и позже.

Он сосредоточился на проекте около 1489, с тем чтобы отвлечь нетерпеливого Людовика от мысли нанять другого исполнителя — знаменитого флорентийского художника и скульптора Антонио дель Поллаюоло — для завершения работ над проектом. К 1493 Леонардо установил покрашенный гипсовый макет готового памятника (лошади, всадника и постамента) в Миланском соборе на празднование женитьбы императора Максимилиана из Габсбургской империи на племяннице Людовико — Бьянке Мария Сфорца.

Придворные поэты похвалили скульптуру, которая должна была быть 12 метров в высоту. Согласно замечанию Люка Пациоли, придворного математика в Милане и приятеля Леонардо, окончательный вес полой бронзовой лошади составил бы приблизительно 75 тонн. Однако бронза была использована Эрколем д'Эсте Феррарским для отливки пушек, чтобы защититься в 1494-м от французских войск, которым Людовико опрометчиво позволил вторгнуться в Италию на их пути к Неаполю. Воодушевленный статьей в «Нэйшнл Джиографик» в 1977-м о конной статуе Сфорца, Чарльз Дент разработал и утвердил программу, которая завершила бы планы Леонардо по созданию гигантского бронзового монумента. Дент, бывший пилот авиакомпании, художник и коллекционер предметов искусства из Пенсильвании, сумел с помощью своей семьи и друзей из академических кругов, а также технических сотрудников и нескольких миллионов привлеченного капитала, воссоздать две полноразмерных бронзовых реконструкции этого колосса Леонардо. Первую конную статую представили в Милане в сентябре 1999–го, это был подарок городу от Чарльза Дента и корпорации-спонсора «Leonardo da Vinci's Horse, Inc».

Как и другие крупные проекты Леонардо, его планы для памятника Сфорца на коне были настолько честолюбивы, что он считал незазорным потратить на проект несколько лет, по крайней мере в периоды между 1489-м и 1494 годами. Хотя из записей того времени следует, что он занимался и другими многочисленными проектами в то время, он сумел завершить гигантский макет, многочисленные расчетные записи и, возможно, массивнейшую глиняную модель при всей своей занятости в этот период. Если бы памятник в свое время все же отлили в бронзе, он стал бы гордостью Милана.

Второй сын Франческо и Бьянки Мария Сфорца, Людовико Сфорца (1452–1508), был герцогом Бари в 1479–1494 годах, а после того князем в Милане, вплоть до французского вторжения в 1499 г. В 1479-м, он сменил свою невестку на «должности» регента при младенце-герцоге Джангалеаццо Сфорца. Вскоре после смерти Джангалеаццо в 1494 г. Людовико выплатил «взнос» Императору Священной Римской Империи Максимилиану I за право называться герцогом Милана. Французы захватили Людовико в плен в 1500 году, после чего он пробыл в заключении во Франции до самой своей смерти в 1508 г.

О НАСЛЕДСТВЕННОМ ЕДИНОВЛАСТИИ

Я не стану касаться республик, ибо подробно говорю о них в другом месте. Здесь я перейду прямо к единовластному правлению и, держась намеченного выше порядка, разберу, какими способами государи могут управлять государствами и удерживать над ними власть.

Начну с того, что наследному государю, чьи подданные успели сжиться с правящим домом, гораздо легче удержать власть, нежели новому, ибо для этого ему достаточно не преступать обычая предков и впоследствии без поспешности применяться к новым обстоятельствам. При таком образе действий даже посредственный правитель не утратит власти, если только не будет свергнут особо могущественной и грозной силой, но и в этом случае он отвоюет власть при первой же неудаче завоевателя.

У нас в Италии примером может служить герцог Феррарский, который удержался у власти после поражения, нанесенного ему венецианцами в 1484 году и папой Юлием в 151-м, только потому, что род его исстари правил в Ферраре.

Ибо у государя, унаследовавшего власть, меньше причин и меньше необходимости притеснять подданных, почему они и платят ему большей любовью, и если он не обнаруживает чрезмерных пороков, вызывающих ненависть, то закономерно пользуется благорасположением граждан. Давнее и преемственное правление заставляет забыть о бывших некогда переворотах и вызвавших их причинах, тогда как всякая перемена прокладывает путь другим переменам. <...>

О НОВЫХ ГОСУДАРСТВАХ, ПРИОБРЕТАЕМЫХ СОБСТВЕННЫМ ОРУЖИЕМ ИЛИ ДОБЛЕСТЬЮ

Нет ничего удивительного в том, что, говоря о завоевании власти, о государе и государстве, я буду ссылаться на примеры величайших мужей. Люди обычно идут путями, проложенными другими, и действуют, подражая какому-либо образцу, но так как невозможно ни неуклонно следовать этими путями, ни сравняться в доблести с теми, кого мы избираем за образец, то человеку разумному надлежит избирать пути, проложенные величайшими людьми, и подражать наидостойнейшим, чтобы если не сравниться с ними в доблести, то хотя бы исполниться ее духа. Надо уподобиться опытным стрелкам, которые если видят, что мишень слишком удалена, берут гораздо выше, но не для того, чтобы стрела прошла вверх, а для того, чтобы, зная силу лука, с помощью высокого прицела, попасть в отдаленную цель.

Итак, в новых государствах удержать власть бывает легче или труднее в зависимости от того, сколь велика доблесть нового государя. Может показаться, что если частного человека приводит к власти либо доблесть, либо милость судьбы, то они же в равной мере помогут ему преодолеть многие трудности впоследствии. Однако в действительности кто меньше полагался на милость судьбы, тот дольше удерживался у власти. Еще облегчается дело и благодаря тому, что новый государь, за неимением других владений, вынужден поселиться в завоеванном.

Но, переходя к тем, кто приобрел власть не милостью судьбы, а личной доблестью, как наидостойнейших я назову Моисея, Кира, Тезея и им подобных. И хотя о Моисее нет надобности рассуждать, ибо он был лишь исполнителем воли Всевышнего, однако следует преклониться перед той благодатью, которая сделала его достойным собеседовать с богом. Но обратимся к Киру и прочим завоевателям и основателям царства: их величию нельзя не дивиться, и, как мы видим, дела их и установления не уступают тем, что были внушены Моисею свыше. Обдумывая жизнь и подвиги этих мужей, мы убеждаемся в том, что судьба послала им только случай, то есть снабдила материалом, которому можно было придать любую форму: не явись такой случай, доблесть их угасла бы, не найдя применения; не обладай они доблестью, тщетно явился бы случай.

Моисей не убедил бы народ Израиля следовать за собой, дабы выйти из неволи, если бы не застал его в Египте в рабстве и угнетении у египтян. Ромул не стал бы царем Рима и основателем государства, если бы не был по рождении брошен на произвол судьбы и если бы Альба не оказалась для него слишком тесной. Кир не достиг бы такого величия, если бы к тому времени персы не были озлоблены господством мидян, мидяне — расслаблены и изнежены от долгого мира. Тезей не мог бы проявить свою доблесть, если бы не застал афинян живущими обособленно друг от друга. Итак, каждому из этих людей выпал счастливый случай, но только их выдающаяся доблесть позволила им раскрыть смысл случая, благодаря чему отечества их прославились и обрели счастье.

Кто, подобно этим людям, следует путем доблести, тому трудно завоевать власть, но легко ее удержать; трудность же состоит прежде всего в том, что им приходиться вводить новые установления и порядки, без чего нельзя основать государство и обеспечить себе безопасность. А надо знать, что нет дела, коего устройство было бы труднее, ведение опаснее, а успех сомнительнее, нежели замена старых порядков новыми. Кто бы ни выступал с подобным начинанием, его ожидает враждебность тех, кому выгодны старые порядки, и холодность тех, кому выгодны новые. Холодность же эта объясняется отчасти страхом перед противником, на чьей стороне — законы; отчасти недоверчивостью людей, которые на самом деле не верят в новое, пока оно не закреплено продолжительным опытом. Когда приверженцы старого видят возможность действовать, они нападают с ожесточением, тогда как сторонники нового обороняются вяло, почему, опираясь на них, подвергаешь себя опасности.

Чтобы основательнее разобраться в этом деле, надо начать с того, самодостаточны ли такие преобразователи или они зависят от поддержки со стороны; иначе говоря, должны ли они для успеха своего начинания упрашивать или могут применить силу. В первом случае они обречены, во втором, то есть если они могут применить силу, им редко грозит неудача. Вот почему все вооруженные пророки побеждали, а все безоружные гибли. Ибо, в добавление к сказанному, надо иметь в виду, что нрав людей непостоянен, и если обратить их в свою веру легко, то удержать в ней трудно. Поэтому надо быть готовым к тому, чтобы, когда вера в народе иссякнет, заставить его поверить силой.

Моисей, Кир, Ромул и Тезей, будь они безоружны, не могли бы добиться длительного соблюдения данных ими законов. Как оно и случилось в наши дни с фра Джироламо Савонаролой: введенные им порядки рухнули, как только толпа перестала в них верить, у него же не было средств утвердить в вере тех, кто еще верил ему, и принудить к ней тех, кто уже не верил.

ДЖИРОЛАМО САВОНАРОЛА

Харизматический проповедник и автор, доминиканский монах фра Джироламо Савонарола (1452–1498), знаменит тем, что поднял восстание во Флоренции в 1494 году, которое смело семью Медичи и объявило город «религиозной республикой». Лоренцо де Медичи привез Савонаролу во Флоренцию в 1490 году, под впечатлением от патетических речей Савонаролы о всеобщей развращенности нравов и коррупции. Но к 1498 году флорентийцы устали от установленных суровых законов и «истребления суетной роскоши» — что означало сжигание зеркал, кресел, косметики, картин и нечестивых книг. Савонаролу схватили, пытали и сожгли как еретика. Медичи вернулись к власти.

На пути людей, подобных тем, что я здесь перечислил, встает множество трудностей и множество опасностей, для преодоления которых требуется великая доблесть. Но если цель достигнута, если государь заслужил признание подданных и устранил завистников, то он на долгое время обретает могущество, покой, почести и счастье.

К столь высоким примерам я хотел присовокупить пример более скромный, и думаю, что его здесь достаточно. Я говорю о Гиероне Сиракузском: из частного лица он стал царем Сиракуз, хотя судьба не одарила его ничем, кроме благоприятного случая: угнетаемые жители Сиракуз избрали его своим военачальником, он же, благодаря своим заслугам, сделался их государем. Еще до возвышения он отличался такой доблестью, что, по словам древнего автора, «nihim illi seerat ad regnandum praeter regnum» [для царствования ему недоставало лишь царства (лат.)]. Он упразднил старое ополчение и набрал новое, расторг старые союзы и заключил новые. А на таком фундаменте, как собственное войско и собственные союзники, он мог воздвигнуть любое здание.

Так что ему великих трудов стоило завоевать власть и малых — ее удержать.

О НОВЫХ ГОСУДАРСТВАХ, ПРИОБРЕТАЕМЫХ ЧУЖИМ ОРУЖИЕМ ИЛИ МИЛОСТЬЮ СУДЬБЫ

Тогда как тем, кто становится государем милостью судьбы, а не благодаря доблести, легко приобрести власть, но удержать ее трудно. Как бы перелетев весь путь к цели, они сталкиваются с множеством трудностей впоследствии. Я говорю о тех гражданах, которым власть досталась за деньги или была пожалована в знак милости. Такое нередко случалось в Греции в городах Ионии и Гелеспонта, куда Дарий назначал правителей ради своей славы и безопасности; так нередко бывало и в Риме, где частные лица добивались провозглашения себя императорами, подкупая солдат.

В этих случаях государи всецело зависят от воли и фортуны тех, кому обязаны властью, то есть от двух сил крайне непостоянных и неприхотливых; удержаться же у власти они не могут и не умеют. Не умеют оттого, что человеку без особых дарований и доблести, прожившему всю жизнь в скромном звании, негде научиться повелевать; не могут оттого, что не имеют союзников и надежной опоры. Эти невесть откуда взявшиеся властители, как всё в природе, что нарождается и растет слишком скоро, не успевают пустить ни корней, ни ответвлений, почему и гибнут от первой же непогоды. Только тот, кто обладает истинной доблестью, при внезапном возвышении сумеет не упустить того, что фортуна сама вложила ему в руки, то есть сумеет, став государем, заложить те основания, которые другие закладывали до того, как достигнуть власти.

Обе эти возможности возвыситься — благодаря доблести и милости судьбы — я покажу на двух примерах, равно нам понятных: я имею в виду Франческо Сфорца и Чезаре Борджа. Франческо стал Миланским герцогом должным образом, выказав великую доблесть, и без труда удержал власть, доставшуюся ему ценой многих усилий. Чезаре Борджа, простонародьем называемый герцог Валентино, приобрел власть благодаря фортуне, высоко вознесшей его отца; но, лишившись отца, он лишился и власти; несмотря на то, как человек умный и доблестный, приложил все усилия и все старания, какие были возможны, к тому, чтобы пустить прочные корни в государствах, добытых для него чужим оружием и чужой фортуной. Ибо, как я уже говорил, если основания не заложены заранее, то при великой доблести это можно сделать и впоследствии, хотя бы ценой многих усилий зодчего и с опасностью для всего здания.

Рассмотрев образ действий герцога, нетрудно убедиться в том, что он подвел прочное основание под будущее могущество, и я считаю нелишним это обсудить, ибо не мыслю лучшего наставления новому государю. И если все же распорядительность герцога не спасла от его крушения, то в этом повинен не он, а поистине необычайное коварство фортуны.

Александр VI желал возвысить герцога, своего сына, но предвидел тому немало препятствий и в настоящем, и в будущем. Прежде всего он знал, что располагает лишь теми владениями, которые подвластны Церкви, но при всякой попытке отдать одно из них герцогу воспротивились бы как герцог Миланский, так и венецианцы, которые уже взяли под свое покровительство Фаэнцу и Римини. Кроме того, войска в Италии, особенно те, к чьим услугам можно было прибегнуть, сосредоточились в руках людей, опасавшихся усиления папы, то есть Орсини, Колонна и их приспешников. Таким образом, прежде всего надлежало расстроить сложившийся порядок и посеять смуту среди государств, дабы беспрепятственно овладеть некоторыми из них. Сделать это оказалось легко благодаря тому, что венецианцы, в собственных интересах, призвали в Италию французов, чему папа не только не помешал, но даже содействовал, расторгнув прежний брак короля Людовика.

Итак, король вступил в Италию с помощью венецианцев и с согласия Александра и, едва достигнув Милана, тотчас выслал папе отряд, с помощью которого тот захватил Романью, что сошло ему с рук только потому, что за ним стоял король. Таким образом Романья оказалась под властью герцога, а партии Колонна было нанесено поражение, но пока что герцог не мог следовать дальше, ибо оставалось два препятствия: во-первых, войско казавшееся ему ненадежным, во-вторых, намерения Франции. Иначе говоря, он опасался, что войско Орсини, которое он взял на службу, выбьет у него почву из-под ног, то есть либо покинет его, либо, того хуже, отнимет завоеванное; и что точно так же поступит король. В солдатах Орсини он усомнился после того, как, взяв Фаэнцу, двинул их на Болонью и заметил, что они вяло наступают; что же касается короля, то он понял его намерения, когда после взятия Урбино двинулся к Тоскане, и тот вынудил его отступить. Поэтому герцог решил более не рассчитывать ни на чужое оружие, ни на чье-либо покровительство.

Первым делом он ослабил партии Орсини и Колонна в Риме; всех нобилей, державших их сторону, переманил себе на службу, определив им высокие жалованья и, сообразно достоинствам, раздал места в войске и управлении, так что в несколько месяцев они отстали от своих партий и обратились в приверженцев герцога. После этого он стал выжидать возможности разделаться с главарями партии Орсини, еще раньше покончив с Колонна. Случай представился хороший, а воспользовался он им и того лучше. Орсини, спохватившиеся, что усиление Церкви грозит им гибелью, собрались на совет в Маджоне, близ Перуджи. Этот совет имел множество грозных последствий для герцога,— прежде всего бунт в Урбино и возмущение в Романье, с которыми он, однако, справился благодаря помощи французов.

Восстановив прежнее влияние, герцог решил не доверять более ни Франции, ни другой внешней силе, чтобы впредь не подвергать себя опасности, и прибег к обману. Он также отвел глаза Орсини, что те сначала примирились с ним через посредство синьора Паоло — которого герцог принял со всевозможными изъявлениями учтивости и одарил одеждой, лошадьми и деньгами,— а потом в Синигалии сами простодушно отдались ему в руки. Так, разделавшись с главарями партий и переманив к себе их приверженцев, герцог заложил весьма прочное основание своего могущества: под его властью находилась вся Романья с герцогством Урбино, и, что особенно важно, он был уверен в приязни к нему народа, испытавшего благодетельность его правления.

Эта часть действий герцога достойна внимания и подражания, почему я желал бы остановиться на ней особо. До завоевания Романья находилась под властью ничтожных правителей, которые не столько пеклись о своих подданных, сколько обирали их и направляли не к согласию, а к раздорам, так что весь край изнемогал от грабежей, усобиц и беззаконий. Завоевав Романью, герцог решил отдать ее в надежные руки, дабы умиротворить и подчинить верховной власти, и с тем вручил всю полноту власти мессеру Рамиро де Орко, человеку нрава резкого и крутого. Тот в короткое время умиротворил Романью, пресек распри и навел трепет на всю округу. Тогда герцог рассудил, что чрезмерное сосредоточение власти больше не нужно, ибо может озлобить подданных, и учредил, под председательством почтенного лица, гражданский суд, в котором каждый был представлен защитником. Но зная, что минувшие строгости все-таки настроили против него народ, он решил обелить себя и расположить к себе подданных, показав им, что если и были жестокости, то в них повинен не он, а его суровый наместник. И вот однажды утром на площади в Чезене по его приказу положили разрубленное пополам тело мессера Рамиро де Орко рядом с колодой и окровавленным мечом. Свирепость этого зрелища одновременно удовлетворила и ошеломила народ.

Но вернемся к тому, от чего мы отклонились. Итак, герцог обрел собственных солдат и разгромил добрую часть тех войск, которые в силу соседства представляли для него угрозу, чем утвердил свое могущество и отчасти обеспечил себе безопасность; теперь на его пути стоял только король Франции: с опозданием заметив свою оплошность, король не потерпел бы дальнейших завоеваний. Поэтому герцог стал высматривать новых союзников и уклончиво вести себя по отношению к Франции — как раз тогда, когда французы предприняли поход на Неаполь против испанцев, осаждавших Гаету. Он задумывал развязаться с Францией, и ему бы это весьма скоро удалось, если бы дольше прожил папа Александр.

Таковы были действия герцога, касавшиеся настоящего. Что же до будущего, то главную угрозу для него представлял возможный преемник Александра, который мог бы не только проявить недружественность, но и отнять все то, что герцогу дал Александр. Во избежание этого он задумал четыре меры предосторожности: во-первых, истребить разоренных им правителей вместе с семействами, чтобы не дать новому папе повода выступить в их защиту; во-вторых, расположить к себе римских нобилей, чтобы с их помощью держать в узде будущего преемника Александра; в-третьих, иметь в Коллегии кардиналов как можно больше своих людей; в-четвертых, успеть до смерти папы Александра расширить свои владения настолько, чтобы самостоятельно выдержать первый натиск извне. Когда Александр умер, у герцога было исполнено три части замысла, а четвертая была близка к исполнению. Из разоренных им правителей он умертвил всех, до кого мог добраться, и лишь немногим удалось спастись; римских нобилей он склонил в свою пользу, в Коллегии заручился поддержкой большей части кардиналов. Что же до расширения владений, то, задумав стать властителем Тосканы, он успел захватить Перуджу и Пьомбино и взять под свое покровительство Пизу. К этому времени он мог уже не опасаться Франции — после того как испанцы окончательно вытеснили французов из Неаполитанского королевства, тем и другим приходилось покупать дружбу герцога, так что еще шаг — и он завладел бы Пизой. После чего тут же сдались бы Сиена и Лукка, отчасти из страха, отчасти назло флорентийцам; и сами флорентийцы оказались бы в безвыходном положении. И все это могло бы произойти еще до конца того года, в который умер папа Александр, и если бы произошло, то герцог обрел бы такое могущество и влияние, что не нуждался бы ни в чьем покровительстве и не зависел бы ни от чужого оружия, ни от чужой фортуны, но всецело от своей доблести и силы. Однако герцог впервые обнажил свой меч всего за пять лет до смерти своего отца. И успел упрочить власть лишь над одним государством — Романьей, оставшись на полпути к обладанию другими, зажатый между двумя неприятельскими армиями и смертельно больной.

Но столько было в герцоге яростной отваги и доблести, так хорошо умел он привлекать и устранять людей, так прочны были основания его власти, заложенные им в столь краткое время, что он превозмог бы любые трудности — если бы его не теснили с двух сторон враждебные армии или не донимала болезнь. Что власть его покоилась на прочном фундаменте, в этом мы убедились: Романья дожидалась его больше месяца; в Риме, находясь при смерти, он, однако, пребывал в безопасности: Бальони, Орсини и Вителли, явившиеся туда, так никого и не увлекли за собой; ему удалось добиться того, чтобы папой избрали если не именно того, кого он желал, то, по крайней мере, не того, кого он не желал. Не окажись герцог при смерти тогда же, когда умер папа Александр, он с легкостью одолел бы любое препятствие. В дни избрания Юлия II он говорил мне, что все предусмотрел на случай смерти отца, для всякого положения нашел выход, одного лишь не угадал — что в это время и сам окажется близок к смерти.

Обозревая действия герцога, я не нахожу, в чем можно было бы его упрекнуть; более того, мне представляется, что он может послужить образцом всем тем, кому доставляет власть милость судьбы или чужое оружие. Ибо, имея великий замысел и высокую цель, он не мог действовать иначе: лишь преждевременная смерть Александра и собственная его болезнь помешали ему осуществить намерение. Таким образом, тем, кому необходимо в новом государстве обезопасить себя от врагов, приобрести друзей, побеждать силой или хитростью, внушать страх и любовь народу, а солдатам — послушание и уважение, иметь преданное и надежное войско, устранять людей, которые могут или должны повредить; обновлять старые порядки, избавляться от ненадежного войска и создавать свое, являть суровость и милость, великодушие и щедрость и, наконец, вести дружбу с правителями и королями, так чтобы они с учтивостью оказывали услуги либо воздерживались от нападений, — всем им не найти для себя примера более наглядного, нежели деяния герцога.

В одном лишь можно его обвинить — в избрании Юлия главой Церкви. Тут он ошибся в расчете, ибо если он не мог провести угодного ему человека, он мог, как уже говорилось, отвести неугодного; а раз так, то ни в коем случае не следовало допускать к папской власти тех кардиналов, которые были им обижены в прошлом или, в случае избрания, могли бы бояться его в будущем. Ибо люди мстят либо из страха, либо из ненависти. Среди обиженных им были Сан-Пьетро ин Винкула, Колонна, Сан-Джорджо, Асканио; все остальные, взойдя на престол, имели бы причины его бояться. Исключение составляли испанцы и кардинал Руанский, те — в силу родственных уз и обязательств, этот — благодаря могуществу стоявшего за ним французского королевства. Поэтому в первую очередь надо было озаботить кого-нибудь из испанцев, а в случае невозможности — кардинала Руанского, но уже никак не Сан-Пьетро ин Винкула.

Заблуждается тот, кто думает, что новые благодеяния могут заставить великих мира сего позабыть о старых обидах. Так что герцог совершил оплошность, которая и привела его к гибели.

О ТЕХ, КТО ПРИОБРЕТАЕТ ВЛАСТЬ ЗЛОДЕЯНИЯМИ

Но есть еще два способа сделаться государем — не сводимые ни к милости судьбы, ни к доблести; и опускать их, как я полагаю, не стоит, хотя об одном из них уместнее рассуждать там, где речь идет о республиках. Я разумею случаи, когда частный человек достигает верховной власти путем преступлений либо в силу благоволения к нему сограждан. Говоря о первом способе, я сошлюсь на два случая — один из древности, другой из современной жизни – и тем ограничусь, ибо полагаю, что и этих двух достаточно для тех, кто ищет примера.

Сицилиец Агафокл стал царем Сиракуз, хотя вышел не только из простого, но из низкого и презренного звания. Он родился в семье горшечника и вел жизнь бесчестную, но смолоду отличался такой силой духа и телесной доблестью, что, вступив в войско, постепенно выслужился до претора Сиракуз. Утвердясь в этой должности, он задумал сделаться властителем Сиракуз и таким образом присвоить себе то, что было ему вверено по доброй воле. Посвятив в этот замысел Гамилькара Карфагенского, находившегося в это время в Сицилии, он созвал однажды утром народ и сенат Сиракуз якобы для решения дел, касающихся республики; и когда все собрались, то солдаты его по условленному знаку перебили всех сенаторов и богатейших людей из народа. После такой расправы Агафокл стал властвовать, не встречая ни малейшего сопротивления со стороны граждан. И хотя он был дважды разбит карфагенянами и даже осажден их войском, он не только не сдал город, но, оставив часть людей защищать его, с другой — вторгся в Африку; в короткое время освободил Сиракузы от осады и довел карфагенян до крайности, так что они были вынуждены заключить с ним договор, по которому ограничивались владениями в Африке и уступали Агафоклу Сицилию.

Вдумавшись, мы не найдем в жизни Агафокла ничего или почти ничего, что бы досталось ему милостью судьбы, ибо, как уже говорилось, он достиг власти не чьим-либо покровительством, но службой в войске, сопряженной с множеством опасностей и невзгод, и удержал власть смелыми действиями, проявив решительность и отвагу. Однако же нельзя назвать и доблестью убийство сограждан, предательство, вероломство, жестокость и нечестивость: всем этим можно стяжать власть, но не славу. Так что, если судить о нем по той доблести, с какой он шел навстречу опасности, по той силе духа, с какой он переносил невзгоды, то едва ли он уступит любому прославленному военачальнику, но, памятуя его жестокость и бесчеловечность и все совершенные им преступления, мы не можем приравнять его к величайшим людям. Следовательно, нельзя приписать ни милости судьбы, ни доблести то, что было добыто без того и другого.

Уже в наше время, при папе Александре, произошел другой случай. Оливеротто из Фермо, в младенчестве осиротевший, вырос в доме дяди с материнской стороны по имени Джованни Фольяни; еще в юных летах он вступил в военную службу под начало Паоло Вителли с тем, чтобы, освоившись с военной наукой, занять почетное место в войске. По смерти Паоло он перешел под начало брата его Вителлоццо и весьма скоро, как человек сообразительный, сильный и храбрый, стал первым лицом в войске. Однако, полагая унизительным подчиняться другим, он задумал овладеть Фермо — с благословения Вителли и при пособничестве нескольких сограждан, которым рабство отечества было милее свободы. В письме к Джованни Фольяни он объявил, что желал бы после многолетнего отсутствия навестить дядю и родные места, а заодно определить размеры наследства; что в трудах своих он не помышляет ни о чем кроме славы, и, желая доказать согражданам, что не впустую растратил время, испрашивает позволения въехать с почетом — со свитой из ста всадников, его друзей и слуг, — пусть, мол, жители Фермо тоже не откажут ему в почетном приеме, что было бы лестно не только ему, но и дяде его, заменившем ему отца. Джованни Фольяни исполнил все, как просил племянник, и позаботился о том, чтобы горожане встретили его с почестями. Тот, поселившись в свободном доме, выждал несколько дней, пока закончатся приготовления к задуманному злодейству, и устроил торжественный пир, на который пригласил Джованни Фольяни и всех именитых людей Фермо. После того, как покончили с угощениями и с принятыми в таких случаях увеселениями, Оливеротто с умыслом повел опасные речи о предприятиях и величии папы Александра и сына его Чезаре. Джованни и другие стали ему отвечать, он вдруг поднялся и, заявив, что подобные разговоры лучше продолжать в укромном месте, удалился внутрь покоев, куда за ним последовал дядя и другие именитые гости. Не успели они, однако, сесть, как из засады выскочили солдаты и перебили всех, кто там находился. После этой резни Оливеротто верхом помчался через город и осадил во дворце высший магистрат; тот из страха повиновался и учредил новое правление, а Оливеротто провозгласил властителем города.

Истребив тех, кто по недовольству мог ему навредить, Оливеротто укрепил свою власть новым военным и гражданским устройством и с той поры не только пребывал в безопасности внутри Фермо, но и стал грозой всех соседей. Выбить его из города было бы так же трудно, как Агафокла, если бы его не перехитрил Чезаре Борджа, который в Синигалии, как уже рассказывалось, заманил в ловушку главарей Орсини и Вителли; Оливеротто приехал туда вместе с Виттелоццо, своим наставником в доблести и в злодействах, и там вместе с ним был удушен, что произошло через год после описанного отцеубийства.

Кого-то могло бы озадачить, почему Агафоклу и ему подобным удавалось, проложив себе путь жестокостью и предательством, долго и благополучно жить в своем отечестве, защищать себя от внешних врагов и не стать жертвой заговора со стороны сограждан, тогда как многим другим не удавалось сохранить власть жестокостью даже в мирное, а не то что в смутное военное время. Думаю, дело в том, что жестокость жестокости рознь. Жестокость применена хорошо в тех случаях — если позволительно дурное называть хорошим, — когда ее проявляют сразу и по соображениям безопасности, не упорствуют в ней и по возможности обращают на благо подданных; и плохо применена в тех случаях, когда поначалу расправы совершаются редко, но со временем учащаются, а не становятся реже. Действуя первым способом, можно, подобно Агафоклу, с божьей и людской помощью удержать власть; действуя вторым — невозможно.

Отсюда следует, что тот, кто овладевает государством, должен предусмотреть все обиды, чтобы покончить с ними разом, а не возобновлять изо дня в день; тогда люди понемногу успокоятся, и государь сможет, делая им добро, постепенно завоевать их расположение. Кто поступит иначе, из робости или по дурному умыслу, тот никогда уже не вложит меч в ножны и никогда не сможет опереться на своих подданных, не знающих покоя от новых и непрестанных обид. Так что обиды нужно наносить разом: чем меньше их распробуют, тем меньше от них вреда; благодеяния же полезно оказывать мало-помалу, чтобы их распробовали как можно лучше. Самое же главное для государя — вести себя с подданными так, чтобы никакое событие — ни дурное, ни хорошее — не заставляло его изменить своего обращения с ними, так как, случись тяжелое время, зло делать поздно, а добро бесполезно, ибо его сочтут вынужденным и не воздадут за него благодарностью.

О ГРАЖДАНСКОМ ЕДИНОВЛАСТИИ

Перейду теперь к тем случаям, когда человек делается государем своего отечества не путем злодеяний и беззаконий, но в силу благоволения сограждан — для чего требуется не собственно доблесть или удача, но скорее удачливая хитрость. Надобно сказать, что такого рода единовластие — его можно назвать гражданским — учреждается по требованию либо знати, либо народа. Ибо нет города, где не обособились два эти начала: знать желает подчинять и угнетать народ, народ не желает находиться в подчинении и угнетении; столкновение же этих начал разрешается трояко: либо единовластием, либо беззаконием, либо свободой.

Единовластие учреждается либо знатью, либо народом, в зависимости от того, кому первому представится удобный случай. Знать, видя, что она не может противостоять народу, возвышает кого-нибудь из своих и провозглашает его государем, чтобы за его спиной утолить свои вожделения. Так же и народ, видя, что он не может сопротивляться знати, возвышает кого-либо одного, чтобы в его власти обрести для себя защиту. Поэтому тому, кто приходит к власти с помощью знати, труднее удержать власть, чем тому, кого привел к власти народ, так как если государь окружен знатью, которая почитает себя ему равной, он не может ни приказывать, ни иметь независимый образ действий. Тогда как тот, кого привел к власти народ, правит один и вокруг него нет никого или почти никого, кто не желал бы ему повиноваться. Кроме того, нельзя честно, не ущемляя других, удовлетворять притязания знати, но можно — требования народа, так как у народа более честная цель, чем у знати: знать желает угнетать народ, а народ не желает быть угнетенным. Сверх того, с враждебным народом ничего нельзя поделать, ибо он многочислен, а со знатью — можно, ибо она малочисленна. Народ, на худой конец, отвернется от государя, тогда как от враждебной знати можно ждать не только того, что она отвернется от государя, но даже пойдет против него, ибо она дальновидней, хитрей, загодя ищет путей к спасению и заискивает перед тем, кто сильнее. И еще добавлю, что государь не волен выбирать народ, но волен выбирать знать, ибо его право карать и миловать, приближать или подвергать опале.

Эту последнюю часть разъясню подробней. С людьми знатными надлежит поступать так, как поступают они. С их же стороны возможны два образа действий: либо они показывают, что готовы разделить судьбу государя, либо нет. Первых, если они не корыстны, надо почитать и ласкать, что до вторых, то здесь следует различать два рода побуждений. Если эти люди ведут себя таким образом по малодушию и природному отсутствию решимости, ими следует воспользоваться, в особенности теми, кто сведущ в каком-либо деле. Если же они ведут себя так умышленно, из честолюбия, то это означает, что они думают о себе больше, нежели о государе. И тогда их надо остерегаться и бояться не меньше, чем явных противников, ибо в трудное время они всегда помогут погубить государя.

Так что если государь пришел к власти с помощью народа, он должен стараться удержать его дружбу, что совсем нетрудно, ибо народ требует только, чтобы его не угнетали. Но если государя привела к власти знать наперекор народу, то первый его долг – заручиться дружбой народа, что опять-таки нетрудно сделать, если взять народ под свою защиту. Люди же таковы, что, видя добро со стороны тех, от кого ждали зла, особенно привязываются к благодетелям, поэтому народ еще больше расположится к государю, чем если бы сам привел его к власти. Заручиться же поддержкой народа можно разными способами, которых я обсуждать не стану, так как они меняются от случая к случаю и не могут быть подведены под какое-либо определенное правило.

Скажу лишь в заключение, что государю надлежит быть в дружбе с народом, иначе в трудное время он будет свергнут. Набид, правитель Спарты, выдержал осаду со стороны всей Греции и победоносного римского войска и отстоял власть и отечество; между тем с приближением опасности ему пришлось устранить всего несколько лиц, тогда как если бы он враждовал со всем народом, он не мог бы ограничиться столь малым. И пусть мне не возражают на это расхожей поговоркой, что, мол, на народ надеяться – что на песке строить. Поговорка верна, когда речь идет о простом гражданине, который, опираясь на народ, тешит себя надеждой, что народ его вызволит, если он попадет в руки врагов или магистрата. Тут и в самом деле можно обмануться, как обманулись Гракхи в Риме или мессер Джорджо Скали во Флоренции. Но если в народе ищет опоры государь, который не просит, а приказывает, к тому же бесстрашен, не падает духом в несчастье, не упускает нужных приготовлений для обороны и умеет распоряжениями своими и мужеством вселить бодрость в тех, кто его окружает, он никогда не обманется в народе и убедится в прочности подобной опоры.

Обычно в таких случаях власть государя оказывается под угрозой при переходе от гражданского строя к абсолютному — так как государи правят либо посредством магистрата, либо единолично. В первом случае положение государя слабее и уязвимее, ибо он всецело зависит от воли граждан, из которых состоит магистрат, они же могут лишить его власти в любое, а тем более в трудное, время, то есть могут либо выступить против него, либо уклониться от выполнения его распоряжений. И тут, перед лицом опасности, поздно присваивать себе абсолютную власть, так как граждане и подданные, привыкнув исполнять распоряжения магистрата, не станут в трудных обстоятельствах подчиняться приказаниям государя. Оттого-то в тяжелое время у государя всегда будет недостаток в надежных людях, ибо нельзя верить тому, что видишь в спокойное время, когда граждане нуждаются в государстве: тут каждый спешит с посулами, каждый, благо смерть далеко, изъявляет готовность пожертвовать жизнью за государя, но когда государство в трудное время испытывает нужду в своих гражданах, их объявляется немного. И подобная проверка тем опасней, что она бывает лишь однажды. Поэтому мудрому государю надлежит принять меры к тому, чтобы граждане всегда и при любых обстоятельствах имели потребность в государе и в государстве, — только тогда он сможет положиться на их верность.

КАК СЛЕДУЕТ ИЗМЕРЯТЬ СИЛЫ ВСЕХ ГОСУДАРСТВ

Изучая свойства государств, следует принять в соображение и такую сторону дела: может ли государь в случае надобности отстоять себя собственными силами или он нуждается в защите со стороны. Поясню, что способными отстоять себя я называю тех государей, которые, имея в достатке людей или денег, могут собрать требуемых размеров войско и выдержать сражение с любым неприятелем; нуждающимся в помощи я называю тех, кто не может выйти против неприятеля в поле и вынужден обороняться под прикрытием городских стен. Что делать в первом случае — о том речь впереди, хотя кое что уже сказано выше. Что же до второго случая, то тут ничего не скажешь, кроме того, что государю надлежит укреплять и снаряжать всем необходимым город, не принимая в расчет прилегающую округу. Если государь хорошо укрепит город и будет обращаться с подданными так, как описано выше и добавлено ниже, то соседи остерегутся на него нападать. Ибо люди — враги всяких затруднительных препятствий, а кому же покажется легким нападение на государя, чей город хорошо укреплен, а народ не озлоблен.

Города Германии, одни из самых свободных, имеют небольшие округи, повинуются императору, когда сами того желают, и не боятся ни его, ни кого-либо другого из сильных соседей, так как достаточно укреплены для того, чтобы захват их всякому показался трудным и изнурительным делом. Они обведены добротными стенами и рвами, имеют артиллерии сколько нужно и на общественных складах держат годовой запас продовольствия, питья и топлива; кроме того, чтобы прокормить простой народ, не истощая казны, они заготовляют на год работы в тех отраслях, которыми живет город, и в тех ремеслах, которыми кормится простонародье. Военное искусство у них в чести, и они поощряют его разными мерами.

Таким образом, государь, чей город хорошо укреплен, а народ не озлоблен, не может подвергнуться нападению. Но если это и случится, неприятель принужден будет с позором ретироваться, ибо все в мире меняется с такой быстротой, что едва ли кто-нибудь сможет год продержать войско в праздности, осаждая город. Мне возразят, что если народ увидит, как за городом горят его поля и жилища, он не выдержит долгой осады, ибо собственные заботы возьмут верх над верностью государю. На это я отвечу, что государь сильный и смелый одолеет все трудности, то внушая подданным надежду на скорое окончание бедствий, то напоминая им о том, что враг беспощаден, то осаживая излишне строптивых. Кроме того, неприятель обычно сжигает и опустошает поля при подходе к городу, когда люди еще разгорячены и полны решимости не сдаваться; когда же через несколько дней пыл поостынет, то урон уже будет нанесен и зло содеяно. А когда людям ничего не остается, как держаться своего государя, и сами они будут ожидать от него благодарности за то, что защищая его, позволили сжечь свои дома и разграбить имущество. Люди же по натуре своей таковы, что не меньше привязываются к тем, кому сделали добро сами, чем к тем, кто сделал добро им. Так по рассмотрении всех обстоятельств, скажу, что разумный государь без труда найдет способы укрепить дух горожан во все время осады, при условии, что у него хватит чем прокормить и оборонить город.

О ЦЕРКОВНЫХ ГОСУДАРСТВАХ

Нам остается рассмотреть церковные государства, о которых можно сказать, что овладеть ими трудно, ибо для этого требуется доблесть или милость судьбы, а удержать легко, ибо для этого не требуется ни того, ни другого. Государства эти опираются на освященные религией устои, столь мощные, что они поддерживают государей у власти, независимо от того, как те живут и поступают. Только там государи имеют власть, но ее не отстаивают, имеют подданных, но ими не управляют; и однако же на власть их никто не покушается, а подданные их не тяготятся своим положением и не хотят, да и не могут от них отпасть. Так что лишь эти государи неизменно пребывают в благополучии и счастье.

Но так как государства эти направляемы причинами высшего порядка, до которых ум человеческий не досягает, то говорить о них я не буду; лишь самонадеянный и дерзкий человек мог бы взяться рассуждать о том, что возвеличено и хранимо Богом. Однако же меня могут спросить, каким образом Церковь достигла такого могущества, что ее боится король Франции, что ей удалось изгнать его из Италии и разгромить венецианцев, тогда как раньше с ее светской властью не считались даже мелкие владетели и бароны, не говоря уж о крупных государствах Италии. Если меня спросят об этом, то, хотя все эти события хорошо известны, я сочту нелишним напомнить, как было дело.

Перед тем как Карл, французский король, вторгся в Италию, господство над ней было поделено между папой, венецианцами, королем Неаполитанским, герцогом Миланским и флорентийцами. У этих властей было две главные заботы: во-первых, не допустить вторжения в Италию чужеземцев, во-вторых, удержать друг друга в прежних границах. Наибольшие подозрения внушали венецианцы и папа. Против венецианцев прочие образовали союз, как это было при защите Феррары; против папы использовались римские бароны. Разделенные на две партии — Колонна и Орсини, бароны постоянно затевали свары и, потрясая оружием на виду у главы Церкви, способствовали слабости и неустойчивости папства. Хотя кое-кто из пап обладал мужеством, как, например, Сикст, никому из них при всей опытности и благоприятных обстоятельствах не удавалось избавиться от этой напасти. Виной тому — краткость их правления, ибо за те десять лет, что в среднем проходили от избрания папы до его смерти, ему насилу удавалось разгромить лишь одну из враждующих партий. И если папа успевал, скажем, почти разгромить приверженцев Колонна, то преемник его, будучи сам врагом Орсини, давал возродится партии Колонна и уже не имел времени разгромить Орсини. По этой самой причине в Италии невысоко ставили светскую власть папы.

Но когда на папский престол взошел Александр VI, он куда более всех своих предшественников сумел показать, чего может добиться глава Церкви, действуя деньгами и силой. Воспользовавшись приходом французов, он совершил посредством герцога Валентино все то, о чем я рассказал выше — там, где речь шла о герцоге. Правда труды его были направлены на возвеличение не Церкви, а герцога, однако же они обернулись величием Церкви, которая унаследовала плоды его трудов после смерти Александра и устранения герцога. Папа Юлий застал по восшествии могучую Церковь: она владела Романьей, смирила римских баронов, чьи партии распались под ударами Александра, и, сверх того, открыла новый источник пополнения казны, которым не пользовался никто до Александра.

Все это Юлий не только продолжил, но и придал делу больший размах. Он задумал присоединить Болонью, сокрушить Венецию и прогнать французов и осуществил этот замысел, к тем большей своей славе, что радел о величии Церкви, а не частных лиц. Кроме того, он удержал партии Орсини и Колонна в тех пределах, в каких застал их; и хотя кое-кто из главарей готов был посеять смуту, но их удерживало, во-первых, могущество Церкви, а во-вторых — отсутствие в их рядах кардиналов, всегда бывавших защитниками раздоров. Никогда между этими партиями не будет мира, если у них будут свои кардиналы: разжигая в Риме и вне его вражду партий, кардиналы втягивают в нее баронов, и так из властолюбия прелатов рождаются распри и усобицы среди баронов.

Его святейшество папа Лев воспринял, таким образом, могучую Церковь; и если его предшественники возвеличили папство силой оружия, то нынешний глава Церкви внушает нам надежду на то, что возвеличит и прославит его еще больше своей добротой, доблестью и многообразными талантами. <...>

О ВОЙСКАХ СОЮЗНИЧЕСКИХ, СМЕШАННЫХ И СОБСТВЕННЫХ

Союзнические войска — еще одна разновидность бесполезных войск – это войска сильного государя, которые призываются для помощи и защиты. Такими войсками воспользовался недавно папа Юлий: в военных действиях против Феррары он увидел, чего стоят его наемники, и сговорился с Фердинандом, королем Испанским, что тот окажет ему помощь кавалерией и пехотой. Сами по себе такие войска могут отлично и с пользой послужить своему государю, но для того, кто их призывает на помощь, они почти всегда опасны, ибо поражение их грозит государю гибелью, а победа — зависимостью.

Несмотря на то что исторические сочинения содержат множество подобных примеров, я хотел бы сослаться на тот же пример папы Юлия. С его стороны это был крайне опрометчивый шаг — довериться чужеземному государю ради того, чтобы захватить Феррару. И он был бы наказан за свою опрометчивость, если бы, на его счастье, судьба не рассудила иначе: союзническое войско его было разбито при Равенне, но благодаря тому, что внезапно появились швейцарцы и неожиданно для всех прогнали победителей, папа не попал в зависимость ни к неприятелю, ибо тот бежал, ни к союзникам, ибо победа была добыта не их оружием. Флорентийцы, не имея войска, двинули против Пизы десять тысяч французов — что едва не обернулось для них худшим бедствием, чем все, какие случались с ними в прошлом. Император Константинополя, воюя с соседями, призвал в Грецию десять тысяч турок, каковые по окончании войны не пожелали уйти, с чего и началось порабощение Греции неверными.

Итак, пусть союзническое войско призывает тот, кто не дорожит победой, ибо оно куда опасней наемного. Союзническое войско — это верная гибель тому, кто его призывает: оно действует как один человек и безраздельно повинуется своему государю; наемному же войску после победы нужно и больше времени, и более удобные обстоятельства, чтобы тебе повредить; в нем меньше единства, оно собрано и оплачиваемо тобой, и тот, кого ты поставил во главе его, не может сразу войти в такую силу, чтобы стать для тебя опасным соперником. Короче говоря, в наемном войске опаснее нерадивость, в союзническом войске — доблесть.

Поэтому мудрые государи всегда предпочитали иметь дело с собственным войском. Лучше, полагали они, проиграть со своими, чем выиграть с чужими, ибо не истинна та победа, которая добыта чужим оружием. Без колебаний сошлюсь опять на пример Чезаре Борджа. Поначалу, когда герцог только вступил в Романью, у него была французская конница, с помощью которой он захватил Имолу и Форли. Позже он понял ненадежность союзнического войска и, сочтя, что наемники менее для него опасны, воспользовался услугами Орсини и Вителли. Но, увидев, что те в деле нестойки и могут ему изменить, он избавился от них и набрал собственное войско. Какова разница между всеми этими видами войск, нетрудно понять, если посмотреть, как изменялось отношение к герцогу, когда у него были только французы, потом – наемное войско Орсини и Вителли и, наконец — собственное войско. Мы заметим, что, хотя уважение к герцогу постоянно росло, в полной мере с ним стали считаться только после того, как все увидели, что он располагает собственными солдатами.

Я намеревался не отступать от тех событий, которые происходили в Италии в недавнее время, но сошлюсь еще на пример Гиерона Сиракузского, так как упоминал о нем выше. Став, как сказано, волею сограждан военачальником Сиракуз, он скоро понял, что от наемного войска мало толку, ибо тогдашние кондотьеры были сродни теперешним. И так как он заключил, что их нельзя ни прогнать, ни оставить, то приказал их изрубить и с тех пор опирался только на свое, а не на чужое войско. Приходит на память и рассказ из Ветхого завета, весьма тут уместный. Когда Давид вызвал на бой Голиафа, единоборца из стана филистимлян, то Саул, дабы поддержать дух в Давиде, облачил его в свои доспехи, но тот отверг их, сказав, что ему не по себе в чужом вооружении и что лучше он пойдет на врага с собственной пращой и ножом. Так всегда и бывает, что чужие доспехи либо широки, либо тесны, либо слишком громоздки.

Карл VII, отец короля Людовика XI, благодаря фортуне и доблести освободив Францию от англичан, понял, как необходимо быть вооруженным своим оружием, и приказал образовать постоянную конницу и пехоту. Позже король Людовик, его сын, распустил пехоту и стал брать на службу швейцарцев; эту ошибку еще усугубили его преемники, и теперь она дорого обходится французскому королевству. Ибо, предпочтя швейцарцев, Франция подорвала дух своего войска: после упразднения пехоты кавалерия, приданная наемному войску, уже не надеется выиграть сражение своими силами. Так и получается, что воевать против швейцарцев французы не могут, а без швейцарцев против других — не смеют. Войско Франции, стало быть, смешанное: частью собственное, частью наемное — и в таком виде намного превосходит целиком союзническое или целиком наемное войско, но намного уступает войску, целиком состоящему из своих солдат. Ограничусь уже известным примером: Франция была бы непобедима, если бы усовершенствовала или хотя бы сохранила устройство войска, введенное Карлом. Но неразумие людей таково, что они часто не замечают яда внутри того, что хорошо с виду, как я уже говорил выше по поводу чахоточной лихорадки.

Поэтому государь, который проглядел зарождающийся недуг, не обладает истинной мудростью, — но вовремя распознать его дано немногим. И если мы задумаемся об упадке Римской империи, то увидим, что он начался с того, что римляне стали брать на службу наемников — го́тов. От этого и пошло истощение сил империи, причем сколько силы отнималось у римлян, столько прибавлялось готам. В заключение же повторю, что без собственного войска государство непрочно — более того, оно всецело зависит от прихотей фортуны, ибо доблесть не служит ему верной защитой в трудное время. По мнению и приговору мудрых людей: «Quod nihil sit tam infirmum aut instabile, quam fama potentiae non sua vi nixa». [«Нет ничего более шаткого и преходящего, чем обаяние не опирающегося на собственную силу могущества». Тацит. Анналы, XIII, 19, т. 1. Л.,1970, с. 232. перевод А. С. Бобовича.]. Собственные войска суть те, которые составляются из подданных, граждан или преданных тебе людей, всякие же другие относятся либо к союзническим, либо к наемным. А какое им дать устройство, нетрудно заключить, если обдумать действия четырех названных мною лиц и рассмотреть, как устраивали и вооружали свои армии Филипп, отец Александра Македонского, и многие другие республики и государи, чьему примеру я всецело вверяюсь.

КАК ГОСУДАРЬ ДОЛЖЕН ПОСТУПАТЬ КАСАТЕЛЬНО ВОЕННОГО ДЕЛА

Таким образом, государь не должен иметь ни других помыслов, ни других забот, ни другого дела, кроме войны, военных установлений и военной науки, ибо война есть единственная обязанность, которую правитель не может возложить на другого. Военное искусство наделено такой силой, что позволяет не только удержать власть тому, кто рожден государем, но и достичь власти тому, кто родился простым смертным. И наоборот, когда государи помышляли больше об удовольствиях, чем о военных упражнениях, они теряли и ту власть, что имели. Небрежение этим искусством является главной причиной утраты власти, как владение им является главной причиной обретения власти.

Франческо Сфорца, умея воевать, из частного лица стал Миланским герцогом, дети его, уклоняясь от тягот войны, из герцогов стали частными лицами. Тот, кто не владеет военным ремеслом, навлекает на себя много бед, и в частности презрение окружающих, а этого надо всемерно остерегаться, как о том будет сказано ниже. Ибо вооруженный несопоставим с безоружным и никогда вооруженный не подчинится безоружному по доброй воле, а безоружный никогда не почувствует себя в безопасности среди вооруженных слуг. Как могут двое поладить, если один подозревает другого, а тот, в свою очередь, его презирает. Так и государь, не сведущий в военном деле, терпит много бед, и одна из них та, что он не пользуется уважением войска и, в свою очередь, не может на него положиться.

Поэтому государь должен даже в мыслях не оставлять военных упражнений и в мирное время предаваться им еще больше, чем в военное. Заключаются же они, во-первых, в делах, во-вторых — в размышлениях. Что касается дел, то государю следует не только следить за порядком и учениями в войске, но и самому почаще выезжать на охоту, чтобы закалить тело и одновременно изучить местность, а именно: где и какие есть возвышенности, куда выходят долины, насколько простираются равнины, каковы особенности рек и болот. Такое изучение вдвойне полезно. Прежде всего благодаря ему лучше узнаешь собственную страну и можешь вернее определить способы ее защиты; кроме того, зная в подробностях устройство одной местности, легко понимаешь особенности другой, попадая туда впервые, ибо склоны, долины, равнины, болота и реки, предположим, в Тоскане имеют определенное сходство с тем, что мы видим в других краях, отчего тот, кто изучил одну местность, быстро осваивается и во всех прочих. Если государь не выработал в себе этих навыков, то он лишен первого качества военачальника, ибо именно они позволяют сохранять преимущество, определяя местоположение неприятеля, располагаясь лагерем, идя на сближение с противником, вступая в бой и осаждая крепости.

Филопемену, главе ахейского союза, античные авторы расточают множество похвал, и в частности за то, что он и в мирное время ни о чем не помышлял, кроме военного дела. Когда он прогуливался с друзьями за городом, то часто останавливался и спрашивал: если неприятель займет тот холм, а наше войско будет стоять здесь, на чьей стороне будет преимущество? как наступать в этих условиях, сохраняя боевые порядки? как отступать, если нас вынудят к отступлению? как преследовать противника, если тот обратился в бегство? И так, продвигаясь вперед, предлагал все новые и новые обстоятельства из тех, какие случаются на войне; и после того, как выслушивал мнение друзей, высказывал свое и приводил доводы в его пользу, так постоянными размышлениями он добился того, что во время войны никакая случайность не могла бы застигнуть его врасплох.

Что же до умственных упражнений, то государь должен читать исторические труды, при этом особо изучать действия выдающихся полководцев, разбирать, какими способами они вели войну, что определяло их победы и что — поражения, с тем чтобы одерживать первые и избегать последних. Самое же главное — уподобившись многим великим людям прошлого, принять за образец кого-либо из прославленных и чтимых людей древности и постоянно держать в памяти его подвиги и деяния. Так, по рассказам, Александр Великий подражал Ахиллу, Цезарь — Александру, Сципион — Киру. Всякий, кто прочтет жизнеописание Кира, составленное Ксенофонтом, согласится, что, уподобляясь Киру, Сципион весьма способствовал своей славе и что в целомудрии, обходительности, человечности и щедрости Сципион следовал Киру, как тот описан нам Ксенофонтом. Мудрый государь должен соблюдать все описанные правила, никогда не предаваться в мирное время праздности, ибо все его труды окупятся, когда настанут тяжелые времена, и тогда, если судьба захочет его сокрушить, он сумеет выстоять под ее напором.

О ТОМ, ЗА ЧТО ЛЮДЕЙ, В ОСОБЕННОСТИ ГОСУДАРЕЙ, ВОСХВАЛЯЮТ ИЛИ ПОРИЦАЮТ

Теперь остается рассмотреть, как государь должен вести себя по отношению к подданным и союзникам. Зная, что об этом писали многие, я опасаюсь, как бы меня не сочли самонадеянным за то, что, избрав тот же предмет, в толковании его я более всего расхожусь с другими. Но, имея намерение написать нечто полезное для людей понимающих, я предпочел следовать правде не воображаемой, а действительной — в отличие от тех многих, кто изобразил республики и государства, каких в действительности никто не знавал и не видывал. Ибо расстояние между тем, как люди живут и как должны бы жить, столь велико, что тот, кто отвергает действительное ради должного, действует скорее во вред себе, нежели во благо, так как, желая исповедовать добро во всех случаях жизни, он неминуемо погибнет, сталкиваясь с множеством людей, чуждых добру. Из чего следует, что государь, если он хочет сохранить власть, должен приобрести умение отступать от добра и пользоваться этим умением смотря по надобности.

Если же говорить не о вымышленных, а об истинных свойствах государей, то надо сказать, что во всех людях, а особенно в государях, стоящих выше прочих людей, замечают те или иные качества, заслуживающие похвалы или порицания. А именно: говорят, что один щедр, другой скуп — если взять тосканское слово, ибо жадный на нашем наречии это еще и тот, кто хочет отнять чужое, а скупым мы называем того, кто слишком держится за свое — один расточителен, другой алчен; один жесток, другой сострадателен; один честен, другой вероломен; один изнежен и малодушен, другой тверд духом и смел; этот снисходителен, тот надменен;

этот распутен, тот целомудрен; этот лукав, тот прямодушен; этот упрям, тот покладист; этот легкомыслен, тот степенен; этот набожен, тот нечестив, и так далее. Что может быть похвальнее для государя, нежели соединять в себе все лучшие из перечисленных качеств?

Но раз в силу своей природы человек не может ни иметь одни добродетели, ни неуклонно им следовать, то благоразумному государю следует избегать тех пороков, которые могут лишить его государства, от остальных же — воздерживаться по мере сил, но не более. И даже пусть государи не боятся навлечь на себя обвинения в тех пороках, без которых трудно удержаться у власти, ибо, вдумавшись, мы найдем немало такого, что на первый взгляд кажется добродетелью, а в действительности пагубно для государя, и наоборот: выглядит как порок, а на деле доставляет государю благополучие и безопасность. <...>

О ТОМ, КАК ГОСУДАРИ ДОЛЖНЫ ДЕРЖАТЬ СЛОВО

Излишне говорить, сколь похвальна в государе верность данному слову, прямодушие и неуклонная честность. однако мы знаем по опыту, что в наше время великие дела удавались лишь тем, кто не старался сдержать данное слово и умел, кого нужно, обвести вокруг пальца; такие государи в конечном счете преуспели куда больше, чем те, кто ставил на честность.

Надо знать, что с врагом можно бороться двумя способами: во-первых, законами, во-вторых, силой. Первый способ присущ человеку, второй — зверю; но так как первое часто недостаточно, то приходится прибегать и ко второму. Отсюда следует, что государь должен усвоить то, что заключено в природе и человека, и зверя. Не это ли иносказательно внушают нам античные авторы, повествуя о том, как Ахилла и прочих героев древности отдавали на воспитание кентавру Хирону, дабы они приобщились к его мудрости? Какой иной смысл имеет выбор в наставники получеловека-полузверя, как не тот, что государь должен совместить в себе обе эти природы, ибо одна без другой не имеет достаточной силы?

Итак, из всех зверей пусть государь уподобится двум: льву и лисе. Лев боится капканов, а лиса — волков, следовательно, надо быть подобным лисе, чтобы уметь обойти капканы, и льву, чтобы отпугнуть волков. Тот, кто всегда подобен льву, может не заметить капкана. Из чего следует, что разумный правитель не может и не должен оставаться верным своему обещанию, если это вредит его интересам и если отпали причины, побудившие его дать обещание. Такой совет был бы недостойным, если бы люди честно держали слово, но люди, будучи дурны, слова не держат, поэтому и ты должен поступать с ними так же. А благовидный предлог нарушить обещание всегда найдется. Примеров тому множество: сколько мирных договоров, сколько соглашений не вступило в силу или пошло прахом из-за того, что государи нарушали свое слово, и всегда в выигрыше оказывался тот, кто имел лисью натуру. Однако натуру эту надо еще уметь прикрыть, надо быть изрядным обманщиком и лицемером, люди же так простодушны и так поглощены ближайшими нуждами, что обманывающий всегда найдет того, кто даст себя одурачить.

Из близких по времени примеров не могу умолчать об одном. Александр VI всю жизнь изощрялся в обманах, но каждый раз находились люди, готовые ему верить. Во всем свете не было человека, который так клятвенно уверял, так убедительно обещал и так мало заботился об исполнении своих обещаний. Тем не менее обманы всегда удавались ему, как он желал, ибо он знал толк в этом деле. Отсюда следует, что государю нет необходимости обладать всеми названными добродетелями, но есть прямая необходимость выглядеть обладающим ими. Дерзну прибавить, что обладать этими добродетелями и неуклонно им следовать вредно, тогда как выглядеть обладающим ими — полезно. Иначе говоря, надо являться в глазах людей сострадательным, верным слову, милостивым, искренним, благочестивым — и быть таковым в самом деле, но внутренне надо сохранить готовность проявить и противоположные качества, если это окажется необходимо. Следует понимать, что государь, особенно новый, не может исполнять все то, за что людей почитают хорошими, так как ради сохранения государства он часто бывает вынужден идти против своего слова, против милосердия, доброты и благочестия. Поэтому в душе он всегда должен быть готов к тому, чтобы переменить направление, если события примут другой оборот или в другую сторону задует ветер фортуны, то есть, как было сказано, по возможности не удаляться от добра, но при надобности не чураться и зла.

Итак, государь должен бдительно следить за тем, чтобы с языка его не сорвалось слова, не исполненного пяти названных добродетелей. Пусть тем, кто видит его и слышит, он предстает как само милосердие, верность, прямодушие, человечность и благочестие, особенно благочестие. Ибо люди большей частью судят по виду, так как увидеть дано всем, а потрогать руками — немногим. Каждый знает, каков ты с виду, немногим известно, каков ты на самом деле, и эти последние не посмеют оспорить мнение большинства, за спиной которого стоит государство. О действиях всех людей, а особенно государей, с которых в суде не спросишь, заключают по результату, поэтому пусть государи стараются сохранить власть и одержать победу. Какие бы средства для этого ни употребить, их всегда сочтут достойными и одобрят, ибо чернь прельщается видимостью и успехом, в мире же нет ничего, кроме черни, и меньшинству в нем не остается места, когда за большинством стоит государство. Один из нынешних государей, которого воздержусь назвать, только и делает, что проповедует мир и верность, на деле же тому и другому злейший враг; но если бы он последовал тому, что проповедует, то давно лишился бы либо могущества, либо государства.

О ТОМ, КАКИМ ОБРАЗОМ ИЗБЕГАТЬ НЕНАВИСТИ И ПРЕЗРЕНИЯ

Наиважнейшее из упомянутых качеств мы рассмотрели; что же касается прочих, то о них я скажу кратко, предварив рассуждение одним общим правилом.

Государь, как отчасти сказано выше, должен следить за тем, чтобы не совершилось ничего, что могло бы вызвать ненависть или презрение подданных.

Если в этом он преуспеет, то свое дело он сделал, и прочие его пороки не представят для него никакой опасности. Ненависть государи возбуждают хищничеством и посягательством на добро и женщин своих подданных. Ибо большая часть людей довольна жизнью, пока не задеты их честь или имущество; так что недовольным может оказаться лишь небольшое число честолюбцев, на которых нетрудно найти управу. Презрение государи возбуждают непостоянством, легкомыслием, изнеженностью, малодушием и нерешительностью. Этих качеств надо остерегаться как огня, стараясь, напротив, в каждом действии являть великодушие, бесстрашие, основательность и твердость. Решение государя касательно частных дел подданных должны быть бесповоротными, и мнение о нем должно быть таково, чтобы никому не могло прийти в голову, что можно обмануть или перехитрить государя. К правителю, внушившему о себе такое понятие, будут относиться с почтением; а если известно, что государь имеет выдающиеся достоинства и почитаем своими подданными, врагам труднее будет напасть на него или составить против него заговор. Ибо государя подстерегают две опасности — одна изнутри, со стороны подданных, другая извне – со стороны сильных соседей. С внешней опасностью можно справиться при помощи хорошего войска и хороших союзников; причем тот кто имеет хорошее войско, найдет и хороших союзников. А если опасность извне будет устранена, то и внутри сохранится мир, при условии, что его не нарушат тайные заговоры. Но и в случае нападения извне государь не должен терять присутствия духа, ибо, если образ его действий был таков, как я говорю, он устоит перед любым неприятелем, как устоял Набид Спартанский, о чем сказано выше.

Что же касается подданных, то когда снаружи мир, то единственное, чего следует опасаться, — это тайные заговоры. Главное средство против них – не навлекать на себя ненависти и презрения подданных и быть угодным народу, чего добиться необходимо, как о том подробно сказано выше.

Из всех способов предотвратить заговор самый верный — не быть ненавистным народу. Ведь заговорщик всегда рассчитывает на то, что убийством государя угодит народу; если же он знает, что возмутит народ, у него не хватит духа пойти на такое дело, ибо трудностям, с которыми сопряжен всякий заговор, нет числа. Как показывает опыт, заговоры возникали часто, но удавались редко. Объясняется же это тем, что заговорщик не может действовать в одиночку и не может сговориться ни с кем, кроме тех, кого полагает недовольными властью. Но открывшись недовольному, ты тотчас даешь ему возможность стать одним из довольных, так как, выдав тебя, он может обеспечить себе всяческие блага. Таким образом, когда с одной стороны выгода явная, а с другой — сомнительная, и к тому же множество опасностей, то не выдаст тебя только такой сообщник, который является преданнейшим твоим другом или злейшим врагом государя.

Короче говоря, на стороне заговорщика — страх, подозрение, боязнь расплаты; на стороне государя — величие власти, друзья и вся мощь государства; так что если к этому присоединяется народное благоволение, то едва ли кто-нибудь осмелится составить заговор. Ибо заговорщику есть чего опасаться и прежде совершения злого дела, но в этом случае, когда против него народ, ему есть чего опасаться и после, ибо ему не у кого будет искать убежища.

По этому поводу я мог бы привести немало примеров, но ограничусь одним, который еще памятен нашим отцам. Мессер Аннибале Бентиволъи, правитель Болоньи, дед нынешнего мессера Аннибале, был убит заговорщиками Каннески, и после него не осталось других наследников, кроме мессера Джованни, который был еще в колыбели. Тотчас после убийства разгневанный народ перебил всех Каннески, ибо дом Бентивольи пользовался в то время народной любовью. И так она была сильна, что, когда в Болонье не осталось никого из Бентивольи, кто мог бы управлять государством, горожане, прослышав о некоем человеке крови Бентивольи, считавшемся ранее сыном кузнеца, явились к нему во Флоренцию и вверили ему власть, так что он управлял городом до тех самых пор, пока мессер Джованни не вошел в подобающий правителю возраст.

В заключение повторю, что государь может не опасаться заговоров, если пользуется благоволением народа, и, наоборот, должен бояться всех и каждого, если народ питает к нему вражду и ненависть. Благоустроенные государства и мудрые государи принимали все меры к тому, чтобы не ожесточать знать и быть угодными народу, ибо это принадлежит к числу важнейших забот тех, кто правит.

В наши дни хорошо устроенным и хорошо управляемым государством является Франция. В ней имеется множество полезных учреждений, обеспечивающих свободу и безопасность короля, из которых первейшее — парламент с его полномочиями. Устроитель этой монархии, зная властолюбие и наглость знати, считал, что ее необходимо держать в узде; с другой стороны, зная ненависть народа к знати, основанную на страхе, желал оградить знать. Однако он не стал вменять это в обязанность королю, чтобы знать не могла обвинить его в потворстве народу, а народ — в покровительстве знати, и создал третейское учреждение, которое, не вмешивая короля, обуздывает сильных и поощряет слабых. Трудно вообразить лучший и более разумный порядок, как и более верный залог безопасности короля и королевства. Отсюда можно извлечь еще одно полезное правило, а именно: дела, неугодные подданным, государи должны возлагать на других, а угодные — исполнять сами. В заключение же повторю, что государю надлежит выказывать почтение к знати, но не вызывать ненависти в народе.

Многие, пожалуй, скажут, что пример жизни и смерти некоторых римских императоров противоречит высказанному здесь мнению. Я имею в виду тех императоров, которые, прожив достойную жизнь и явив доблесть духа, либо лишились власти, либо были убиты вследствие заговора. Желая оспорить подобные возражения, я разберу качества нескольких императоров и докажу, что их привели к крушению как раз те причины, на которые я указал выше. Заодно я хотел бы выделить и все то наиболее поучительное, что содержится в жизнеописании императоров — преемников Марка, сына его Коммода, Пертинакса, Юлиана, Севера, сына его Антонина Каракаллы, Макрина, Гелиогабала, Александра и Максимина.

Прежде всего надо сказать, что если обыкновенно государям приходится сдерживать честолюбие знати и необузданность народа, то римским императорам приходилось сдерживать еще жестокость и алчность войска. Многих эта тягостная необходимость привела к гибели, ибо трудно было угодить одновременно и народу, и войску. Народ желал мира и спокойствия, поэтому предпочитал кротких государей, тогда как солдаты предпочитали государей воинственных, неистовых, жестоких и хищных — но только при условии, что эти качества будут проявляться по отношению к народу, так, чтобы самим получать двойное жалованье и утолять свою жестокость и алчность.

Все это неизбежно приводило к гибели тех императоров, которым не было дано — врожденными свойствами или стараниями — внушать к себе такое почтение, чтобы удержать в повиновении и народ, и войско. Большая часть императоров — в особенности те, кто возвысился до императорской власти, а не получил ее по наследству, — оказавшись меж двух огней, предпочли угождать войску, не считаясь с народом. Но другого выхода у них и не было, ибо если государь не может избежать ненависти кого-либо из подданных, то он должен сначала попытаться не вызвать всеобщей ненависти. Если же это окажется невозможным, он должен приложить все старания к тому, чтобы не вызвать ненависти у тех, кто сильнее. Вот почему новые государи, особенно нуждаясь в поддержке, охотнее принимали сторону солдат, нежели народа. Но и в этом случае терпели неудачу, если не умели внушить к себе надлежащего почтения.

По указанной причине из трех императоров — Марка, Пертинакса и Александра, склонных к умеренности, любящих справедливость, врагов жестокости, мягких и милосердных, двоих постигла печальная участь. Только Марк жил и умер в величайшем почете, ибо унаследовал императорскую власть jure hereditario [по праву наследства (лат.)] и не нуждался в признании ее ни народом, ни войском. Сверх того, он внушил подданным почтение своими многообразными добродетелями, поэтому сумел удержать в должных пределах и народ, и войско и не был ими ни ненавидим, ни презираем. В отличие от него Пертинакс стал императором против воли солдат, которые, привыкнув к распущенности при Коммоде, не могли вынести честной жизни, к которой он принуждал их, и возненавидели его, а так как к тому же они презирали его за старость, то он и был убит в самом начале своего правления.

Здесь уместно заметить, что добрыми делами можно навлечь на себя ненависть точно так же, как и дурными, поэтому государь, как я уже говорил, нередко вынужден отступать от добра ради того, чтобы сохранить государство, ибо та часть подданных, чьего расположения ищет государь, — будь то народ, знать или войско, — развращена, то и государю, чтобы ей угодить, приходится действовать соответственно, и в этом случае добрые дела могут ему повредить. Но перейдем к Александру: кротость его, как рассказывают ему в похвалу, была такова, что за четырнадцать лет его правления не был казнен без суда ни один человек. И все же он возбудил презрение, слывя чересчур изнеженным и послушным матери, и был убит вследствие заговора в войске.

В противоположность этим троим Коммод, Север, Антонин Каракалла и Максимин отличались крайней алчностью и жестокостью. Угрожая войску, они как могли разоряли и притесняли народ, и всех их, за исключением Севера, постигла печальная участь. Север же прославился такой доблестью, что не утратил расположения солдат до конца жизни и счастливо правил, несмотря на то что разорял народ. Доблесть его представлялась необычайной и народу, и войску: народ она пугала и ошеломляла, а войску внушала благоговение. И так как все совершенное им в качестве нового государя замечательно и достойно внимания, то я хотел бы, не вдаваясь в частности, показать, как он умел уподобляться то льву, то лисе, каковым, как я уже говорил, должны подражать государи.

Узнав о нерадивости императора Юлиана, Север убедил солдат, находившихся под его началом в Славонии, что их долг идти в Рим отомстить за смерть императора Пертинакса, убитого преторианцами. Под этим предлогом он двинул войско на Рим, никому не открывая своего намерения добиться императорской власти, и прибыл в Италию прежде, чем туда донесся слух о его выступлении. Когда он достиг Рима, Сенат, испугавшись, провозгласил его императором и приказал убить Юлиана. Однако на пути Юлиана стояло еще два препятствия: в Азии Песценний Нигер, глава азийского войска, провозгласил себя императором, на западе соперником его стал Альбин. Выступить в открытую против обоих было опасно, поэтому Север решил на Нигера напасть открыто, а Альбина устранить хитростью. Последнему он написал, что, будучи возведен Сенатом в императорское достоинство, желает разделить с ним эту честь, просит его принять титул Цезаря и по решению Сената объявляет его соправителем. Тот все это принял за правду. Но после того как войско Нигера было разбито, сам он умерщвлен, а дела на востоке улажены, Север вернулся в Рим и подал в Сенат жалобу: будто бы Альбин, забыв об оказанных ему Севером благодеяниях, покушался на его жизнь, почему он вынужден выступить из Рима, чтобы покарать Альбина за неблагодарность. После чего он настиг Альбина во Франции и лишил его власти и жизни.

Вдумавшись в действия Севера, мы убедимся в том, что он вел себя то как свирепейший лев, то как хитрейшая лиса; что он всем внушил страх и почтение и не возбудил ненависти войска. Поэтому мы не станем удивляться, каким образом ему, новому государю, удалось так упрочить свое владычество: разоряя подданных, он не возбудил их ненависти, ибо был защищен от нее своей славой. Сын его Антонин также был личностью замечательной и, сумев поразить воображение народа, был угоден солдатам. Он был истинный воин, сносивший любые тяготы, презиравший изысканную пищу, чуждый изнеженности, и за это пользовался любовью войска. Но, проявив неслыханную свирепость и жестокость – им было совершено множество убийств и истреблены все жители Александрии и половина жителей Рима, – он стал ненавистен всем подданным и даже внушил страх своим приближенным, так что был убит на глазах своего войска одним из центурионов.

Здесь уместно заметить, что всякий, кому недорога жизнь, может совершить покушение на государя, так что нет верного способа избежать гибели от руки человека одержимого. Но этого не следует так уж бояться, ибо подобные покушения случаются крайне редко. Важно лишь не подвергать оскорблению окружающих тебя должностных лиц и людей, находящихся у тебя в услужении, то есть не поступать как Антонин, который предал позорной смерти брата того центуриона, каждый день грозил смертью ему самому, однако же продолжал держать его у себя телохранителем. Это было безрассудно и не могло не кончиться гибелью Антонина, что, как мы знаем, и случилось.

Обратимся теперь к Коммоду. Будучи сыном Марка, он мог без труда удержать власть, полученную им по наследству. Если бы он шел по стопам отца, то этим всего лучше угодил бы и народу, и войску, но, как человек жестокий и низкий, он стал заискивать у войска и поощрять в нем распущенность, чтобы с его помощью обирать народ. Однако он возбудил презрение войска тем, что унижал свое императорское достоинство, сходясь с гладиаторами на арене, и совершал много других мерзостей, недостойных императорского величия. Ненавидимый одними и презираемый другими, он был убит вследствие заговора среди его приближенных.

Остается рассказать о качествах Максимина. Это был человек на редкость воинственный, и после того как Александр вызвал раздражение войска своей изнеженностью, оно провозгласило императором Максимина. Но править ему пришлось недолго, ибо он возбудил ненависть и презрение войска тем, что, во-первых, пас когда-то овец во Фракии — это обстоятельство, о котором все знали, являлось позором в глазах его подданных; во-вторых, провозглашенный императором, он отложил выступление в Рим, где должен был принять знаки императорского достоинства, и прославил себя жестокостью, произведя через своих префектов жесточайшие расправы в Риме и повсеместно. После этого презрение к нему за его низкое происхождение усугубилось ненавистью, внушенной страхом перед его свирепостью, так что против него восстала сначала Африка, потом Сенат и весь римский народ, и, наконец, в заговор оказалась вовлеченной вся Италия. К заговору примкнули его собственные солдаты, осаждавшие Аквилею, которые были раздражены его жестокостью и трудностями осады: видя, что у него много врагов, они осмелели и убили императора.

Я не буду касаться Гелиогабала, Макрина и Юлиана как совершенно ничтожных и неприметно сошедших правителей, но перейду к заключению. В наше время государям нет такой уж надобности угрожать войску. Правда, войско и сейчас требует попечения; однако эта трудность легко разрешима, ибо в наши дни государь не имеет дела с солдатами, которые тесно связаны с правителями и властями отдельных провинций, как это было в Римской империи.

КАК НАДЛЕЖИТ ПОСТУПАТЬ ГОСУДАРЮ, ЧТОБЫ ЕГО ПОЧИТАЛИ

Ничто не может внушить к государю такого почтения, как военные предприятия и необычайные поступки. Из нынешних правителей сошлюсь на Фердинанда Арагонского, короля Испании. Его можно было бы назвать новым государем, ибо, слабый вначале, он сделался по славе и блеску первым королем христианского мира; и все его действия исполнены величия, а некоторые поражают воображение. Основанием его могущества послужила война за Гренаду, предпринятая вскоре после вступления на престол. Прежде всего он начал войну, когда внутри страны было тихо, не опасаясь, что ему помешают, и увлек ею кастильских баронов так, что они, занявшись войной, забыли о смутах; он же тем временем, незаметно для них, сосредоточил в своих руках всю власть и подчинил их своему влиянию. Деньги на содержание войска он получил от Церкви и народа и, пока длилась война, построил армию, которая впоследствии создала ему славу. После этого, замыслив еще более значительные предприятия, он, действуя опять-таки как защитник религии, сотворил благочестивую жестокость: изгнал марранов и очистил от них королевство — трудно представить себе более безжалостный и в то же время более необычайный поступок. Под тем же предлогом он захватил земли в Африке, провел кампанию в Италии и, наконец, вступил в войну с Францией. Так он обдумывал и осуществлял великие замыслы, держа в постоянном восхищении и напряжении подданных, поглощенно следивших за ходом событий. И все эти предприятия так вытекали одно из другого, что некогда было замыслить что-либо против самого государя.

Величию государя способствуют также необычайные распоряжения внутри государства, подобные тем, которые приписываются мессеру Бернабо да Милано, иначе говоря, когда кто-либо совершает что-либо значительное в гражданской жизни, дурное или хорошее, то его полезно награждать или карать таким образом, чтобы это помнилось как можно дольше. Но самое главное для государя — постараться всеми своими поступками создать себе славу великого человека, наделенного умом выдающимся.

Государя уважают также, когда он открыто заявляет себя врагом или другом, то есть когда он без колебаний выступает за одного против другого — это всегда лучше, чем стоять в стороне. Ибо когда двое сильных правителей вступают в схватку, то они могут быть таковы, что возможный победитель либо опасен для тебя, либо нет. В обоих случаях выгоднее открыто и решительно вступить в войну. Ибо в первом случае, не вступив в войну, ты станешь добычей победителя к радости и удовлетворению побежденного, сам же ни у кого не сможешь получить защиты: победитель отвергнет союзника, бросившего его в несчастье, а побежденный не захочет принять к себе того, кто не пожелал с оружием в руках разделить его участь. Антиох, которого этолийцы призвали в Грецию, чтобы прогнать римлян, послал своих ораторов к ахейцам, союзникам римлян, желая склонить ахейцев к невмешательству. Римляне, напротив, убеждали ахейцев вступить в войну. Тогда, чтобы решить дело, ахейцы созвали совет, легат Антиоха призывал их не браться за оружие, римский легат говорил так: «Quod autem isti dicunt non interponendi vos bello, nihil magis alienum rebus vestris est; sine gratia, sine dignitate, praemium victoris eritis». [Что до решения, которое предлагается вам как наилучшее и наивыгоднейшее для вашего государства, а именно не вмешиваться в войну, то нет для вас ничего худшего, ибо, приняв это решение, без награды и без чести станете добычей победителя (лат.)].

И всегда недруг призывает отойти в сторону, тогда как друг зовет открыто выступить за него с оружием в руках. Нерешительные государи, как правило, выбирают невмешательство, чтобы избежать ближайшей опасности, и, как правило, это приводит их к крушению.

Зато если ты бесстрашно примешь сторону одного из воюющих, и твой союзник одержит победу, то, как бы ни был он могуществен и как бы ты от него ни зависел, он обязан тебе — люди же не настолько бесчестны, чтобы нанести удар союзнику, выказав столь явную неблагодарность. Кроме того, победа никогда не бывает полной в такой степени, чтобы победитель мог ни с чем не считаться и в особенности — мог попрать справедливость. Если же тот, чью сторону ты принял, проиграет войну, он примет тебя к себе и, пока сможет, будет тебе помогать, так что ты станешь собратом по несчастью тому, чье счастье, возможно, еще возродится.

Во втором случае, когда ни одного из воюющих не приходится опасаться, примкнуть к тому или к другому еще более благоразумно. Ибо с помощью одного ты разгромишь другого, хотя тому, будь он умнее, следовало бы спасать, а не губить противника, а после победы ты подчинишь союзника своей власти, он же благодаря твоей поддержке неминуемо одержит победу.

Здесь уместно заметить, что лучше избегать союза с теми, кто сильнее тебя, если к этому не понуждает необходимость, как о том сказано выше. Ибо в случае победы сильного союзника ты у него в руках, государи же должны остерегаться попадать в зависимость к другим государям. Венецианцы, к примеру, вступили в союз с Францией против Миланского герцога, когда могли этого избежать, следствием чего и явилось их крушение. Но если нет возможности уклониться от союза, как обстояло дело у флорентийцев, когда папа и Испания двинули войска на Ломбардию, то государь должен вступить в войну, чему причины я указал выше. Не стоит лишь надеяться на то, что можно принять безошибочное решение, наоборот, следует заранее примириться с тем, что всякое решение сомнительно, ибо это в порядке вещей, что, избегнув одной неприятности, попадаешь в другую. Однако в том и состоит мудрость, чтобы, взвесив все возможные неприятности, наименьшее зло почесть за благо.

Государь должен также выказывать себя покровителем дарований, привечать одаренных людей, оказывать почет тем, кто отличился в каком-либо ремесле или искусстве. Он должен побуждать граждан спокойно предаваться торговле, земледелию и ремеслам, чтобы одни благоустраивали свои владения, не боясь, что эти владения у них отнимут, другие — открывали торговлю, не опасаясь, что их разорят налогами; более того, он должен располагать наградами для тех, кто заботится об украшении города или государства. Он должен также занимать народ празднествами и зрелищами в подходящее для этого время года. Уважая цехи, или трибы, на которые разделен всякий город, государь должен участвовать иногда в их собраниях и являть собой пример щедрости и великодушия, но при этом твердо блюсти свое достоинство и величие, каковые должны присутствовать в каждом его поступке.

О СОВЕТНИКАХ ГОСУДАРЕЙ

Немалую важность имеет для государя выбор советников, а каковы они будут, хороши или плохи, — зависит от благоразумия государей. Об уме правителя первым делом судят по тому, каких людей он к себе приближает; если это люди преданные и способные, то можно всегда быть уверенным в его мудрости, ибо он умел распознать их способности и удержать их преданность. Если же они не таковы, то и о государе заключат соответственно, ибо первую оплошность он уже совершил, выбрав плохих помощников. Из тех, кто знал мессера Антонио да Венафро, помощника Пандольфо Петруччо, правителя Сиены, никто не усомнился бы в достоинствах и самого Пандольфо, выбравшего себе такого помощника.

Ибо умы бывают трех родов: один все постигает сам; другой может понять то, что постиг первый; третий — сам ничего не постигает и постигнутого другим понять не может. Первый ум — выдающийся, второй — значительный, третий — негодный. Из сказанного неопровержимо следует, что ум Пандольфо был если не первого, то второго рода. Ибо когда человек способен распознать добро и зло в делах и в речах людей, то, не будучи сам особо изобретательным, он сумеет отличить дурное от доброго в советах своих помощников и за доброе вознаградит, а за дурное — взыщет; да и помощники его не понадеются обмануть государя и будут добросовестно ему служить.

Есть один безошибочный способ узнать, чего стоит помощник. Если он больше заботится о себе, чем о государе, и во всяком деле ищет своей выгоды, он никогда не будет хорошим слугой государю, и тот никогда не сможет на него положиться. Ибо министр, в чьих руках дела государства, обязан думать не о себе, а о государе, и не являться к нему ни с чем, что не относится до государя. Но и государь со своей стороны должен стараться удержать преданность своего министра, воздавая ему по заслугам, умножая его состояние, привязывая его к себе узами благодарности, разделяя с ним обязанности и почести, чтобы тот видел, что государь не может без него обходиться, и чтобы, имея достаточно богатств и почестей, не возжелал новых богатств и почестей, а также чтобы, занимая разнообразные должности, убоялся переворотов. Когда государь и его министр обоюдно ведут себя таким образом, они могут быть друг в друге уверены, когда же они ведут себя иначе, это плохо кончается либо для одного, либо для другого.

КАК ИЗБЕЖАТЬ ЛЬСТЕЦОВ

Я хочу коснуться еще одного важного обстоятельства, а именно одной слабости, от которой трудно уберечься правителям, если их не отличает особая мудрость и знание людей. Я имею в виду лесть и льстецов, которых во множестве приходится видеть при дворах государей, ибо люди так тщеславны и так обольщаются на свой счет, что с трудом могут уберечься от этой напасти. Но беда еще и в том. что когда государь пытается искоренить лесть, он рискует навлечь на себя презрение. Ибо нет другого способа оградить себя от лести, как внушив людям, что, если они выскажут тебе всю правду, ты не будешь на них в обиде, но когда каждый сможет говорить тебе правду, тебе перестанут оказывать должное почтение.

Поэтому благоразумный государь должен избрать третий путь, а именно: отличив нескольких мудрых людей, им одним предоставить право высказывать все, что они думают, но только о том, что ты сам спрашиваешь и ни о чем больше; однако спрашивать надо обо всем и выслушивать ответы, решение же принимать самому и по своему усмотрению. На советах с каждым из советников надо вести себя так, чтобы все знали, что чем безбоязненнее они выскажутся, тем более угодят государю; но вне их никого не слушать, а прямо идти к намеченной цели и твердо держаться принятого решения. Кто действует иначе, тот либо поддается лести, либо, выслушивая разноречивые советы, часто меняет свое мнение, чем вызывает неуважение подданных.

Сошлюсь на один современный пример. Отец Лука, доверенное лицо императора Максимилиана, говоря о его величестве, заметил, что тот ни у кого совета не просит, но по-своему тоже не поступает именно оттого, что его образ действий противоположен описанному выше. Ибо император, человек скрытный, намерений своих никому не поверяет, совета на их счет не спрашивает. Но когда по мере осуществления они выходят наружу, то те, кто его окружают, начинают их оспаривать, и государь, как человек слабый, от них отступается. Поэтому начатое сегодня назавтра отменяется, и никогда нельзя понять, чего желает и что намерен предпринять император, и нельзя положиться на его решение.

Таким образом, государь всегда должен советоваться с другими, но только когда он того желает, а не когда того желают другие; и он должен осаживать всякого, кто вздумает, непрошеный, подавать ему советы. Однако сам он должен широко обо всем спрашивать, о спрошенном терпеливо выслушивать правдивые ответы и, более того, проявлять беспокойство, замечая, что кто-либо почему-либо опасается творить ему правду. Многие полагают, что кое-кто из государей, слывущих мудрыми, славой своей обязаны не себе самим, а добрым советам своих приближенных, но мнение это ошибочно. Ибо правило, не знающее исключений, гласит: государю, который сам не обладает мудростью, бесполезно давать благие советы, если только такой государь случайно не доверится мудрому советнику, который будет принимать за него все решения. Но хотя подобное положение и возможно, ему скоро пришел бы конец, ибо советник сам сделался бы государем. Когда же у государя не один советник, то, не обладая мудростью, он не сможет примирить разноречивые мнения; кроме того, каждый из советников будет думать лишь о собственном благе, а государь этого не разглядит и не примет меры. Других же советников не бывает, ибо люди всегда дурны, пока их не принудит к добру необходимость. Отсюда можно заключить, что добрые советы, кто бы их ни давал, родятся из мудрости государей, а не мудрость государей родится из добрых советов. <...>

Комментарий

Никколо Макиавелли не столько уж теоретик, как Платон, он весьма внимательно изучает практическую сторону реализации идеи Государства и Власти. Он дает вполне здравые и откровенные советы государю (а заказчиком сочинения был, как мы помним, правителю Флоренции Лоренцо ди Медичи, который покровительствовал Леонардо да Винчи, Вероккьо, другим творцам). Эти рекомендации у многих вызывают инстинктивное отторжение, но это, как представляется, сродни ужасу от любого неприглядного открытия. Главным представляется выдвижение Макиавелли понятия помощника Государя как крайне важного для совершения государственных дел. И сегодня мы видим, что разумные, здравомыслящие советники обычно создают сам имидж правителя, а не только занимаются текущей работой. Как писал Макиавелли, «умы бывают трех родов: один все постигает сам; другой может понять то, что постиг первый; третий — сам ничего не постигает и постигнутого другим понять не может. Первый ум — выдающийся, второй — значительный, третий — негодный. Есть один безошибоч –

ный способ узнать, чего стоит помощник. Если он больше заботится о себе, чем о государе, и во всяком деле ищет своей выгоды, он никогда не будет хорошим слугой государю, и тот никогда не сможет на него положиться. Ибо министр, в чьих руках дела государства, обязан думать не о себе, а о государе. Но и государь со своей стороны должен стараться удержать преданность своего министра, воздавая ему по заслугам, умножая его состояние, привязывая его к себе узами благодарности, разделяя с ним обязанности и почести, чтобы тот видел, что государь не может без него обходиться, и чтобы, имея достаточно богатств и почестей, не возжелал новых богатств и почестей, а также чтобы, занимая разнообразные должности, убоялся переворотов. Когда государь и его министр обоюдно ведут себя таким образом, они могут быть друг в друге уверены, когда же они ведут себя иначе, это плохо кончается либо для одного, либо для другого».

Надо ли еще раз говорить о коррупции в высших слоях современной элиты во всех странах и во всех международных организациях? И в связи с этим – об эффективности деятельности эти организаций и национальных элит? Макиавелли предсказал все это еще полтысячелетия назад.

И сколько бы ни развивалась риторика вокруг так называемых «демократических ценностей» и «честной игры в политике», Власть, как интегральная форма любых проявлений государственности, останется беспредельно циничной, жестокой и склонной исключительно к подавлению. Во всяком случае, у человечества пока еще не было примеров убедиться в обратном. В освобожденных Соединенных Штатах Америки существовало рабство, а в начале XX века добропорядочные граждане при негласном попустительстве властей не стесняясь линчевали чернокожих американцев. Страна композиторов и писателей, художников и философов, Германия, стала в годы нацизма настоящим зверинцем, где негодные люди преследовались по любому удобному признаку. Нет особой нужды подробно описывать в этом смысле насильственные бесчинства Власти и добавлять к этому неприятному списку Россию, Британию, Испанию и так дальше.

Эти суждения, как кажется, вполне приложимы и к политикам настоящего времени, что еще раз подчеркивает значимость Макиавелли как раннесредневекового мыслителя, сумевшего распознать самые значимые черты сущности Власти и Государства даже в наше, позднее время.

Иосиф СТАЛИН

ИЗБРАННОЕ

АГРАРНЫЙ ВОПРОС*

I

Идет ломка старых порядков, всколыхнулась деревня. Крестьянство, вчера еще забитое и приниженное, сегодня становится на ноги и разгибает спину.

Крестьянское движение, вчера еще беспомощное, сегодня, подобно бурному потоку, устремляется против старых порядков: прочь с дороги — не то смету!

«Крестьяне хотят получить помещичьи земли», «крестьяне хотят уничтожить остатки крепостничества», — вот какие голоса раздаются теперь в восставших селах и деревнях России.

Ошибаются те, кто пулями рассчитывает заставить крестьян замолчать: жизнь показала нам, что это еще более разжигает и обостряет революционное движение крестьян.

Ошибаются и те, кто голыми обещаниями и «крестьянскими банками» пытается умиротворить крестьян: крестьяне хотят земли, они и во сне видят эту землю и, понятно, не успокоятся до тех пор, пока не захватят в свои руки помещичьих земель. Что им могут дать пустые обещания и какие-то «крестьянские банки»?

Крестьяне хотят захватить помещичьи земли. Этим путем стремятся они уничтожить остатки крепостничества, — и тот, кто не изменяет крестьянам, должен стараться именно на этой основе разрешить аграрный вопрос.

Но как заполучить крестьянству помещичьи земли в свои руки?

---

* Газета «Элва» («Молния») №№ 5, 9 и 10, 17, 22 и 23 марта 1906 г.

Говорят, что единственный выход — в «льготном выкупе» земель. У правительства и помещиков много свободных земель, говорят нам эти господа, если крестьяне выкупят эти земли, то все устроится само собой и, таким образом, и волки будут сыты и овцы целы. А про то не спрашивают, чем же крестьянам выкупить эти земли, когда уже содрали с них не только деньги, но и их собственную шкуру? А о том не думают, что при выкупе крестьянам подсунут лишь негодную землю, годные же земли оставят себе, как это они сумели сделать при «освобождении крепостных»! Да и зачем крестьянам выкупать те земли, которые искони принадлежали им? Разве не крестьянским потом политы и казенные и помещичьи земли, разве не крестьянам принадлежали эти земли, разве не у крестьян было отнято это отцовское и дедовское достояние? Где же справедливость, когда с крестьян требуют выкупа за отнятые у них же земли? И разве вопрос крестьянского движения — это вопрос купли-продажи? Разве крестьянское движение не направлено к освобождению крестьян? Но кто же освободит крестьян из-под ярма крепостничества, если не сами же крестьяне? А эти господа уверяют нас, что крестьян освободят помещики, если только подбросить им маленькую толику чистогана. И как бы вы думали! Это «освобождение», оказывается, должно быть проведено под руководством царской бюрократии, той самой бюрократии, которая не раз встречала голодное крестьянство пушками и пулеметами!..

Нет! Крестьян не спасет выкуп земель. Те, кто советует им «льготный выкуп»,— предатели, ибо они стараются поймать крестьян в маклерские сети и не хотят, чтобы освобождение крестьян совершилось руками самих же крестьян.

Если крестьяне хотят захватить помещичьи земли, если они этим путем должны уничтожить пережитки крепостничества, если их не спасет «льготный выкуп», если освобождение крестьян должно совершиться руками самих же крестьян, — то, вне всякого сомнения, что единственный путь — это отобрание помещичьих земель, т. е. конфискация этих земель.

В этом выход.

Спрашивается – как далеко должна пойти эта конфискация, имеет ли она предел, должны ли крестьяне отобрать только часть или же все земли?

Некоторые говорят, что отобрать все земли – это уж слишком, что достаточно отобрать лишь часть земель, чтобы удовлетворить крестьян. Допустим, но как быть, если крестьяне потребуют большего? Не станем же мы им поперек дороги: остановитесь, дальше не суйтесь! Ведь это было бы реакционно! А разве события в России не доказали, что крестьяне действительно требуют конфискации всех помещичьих земель? Кроме того, что значит «отобрать часть», какая же часть должна быть отобрана у помещиков, половина или треть? Кто должен разрешить этот вопрос – одни помещики или помещики и крестьяне вместе? Как видите, тут остается еще много места для маклерства, тут еще возможен торг между помещиками и крестьянами, а это в корне противоречит делу освобождения крестьян. Крестьяне раз навсегда должны усвоить ту мысль, что с помещиками нужно вести не торг, а борьбу. Надо не чинить ярмо крепостничества, а разбить его, чтобы навсегда уничтожить остатки крепостничества. «Отобрать только часть» – это значит заниматься починкой пережитков крепостничества, что несовместимо с делом освобождения крестьян.

Ясно, что единственный путь – это отобрать у помещиков все земли, Только это может довести до конца крестьянское движение, только это может усилить энергию народа, только это может развеять застарелые остатки крепостничества.

Итак: сегодняшнее движение деревни – это демократическое движение крестьян. Цель этого движения – уничтожение остатков крепостничества. Для уничтожения же этих остатков необходима конфискация всей земли помещиков и казны.

Некоторые господа обвиняют нас: почему социал-демократия до сих пор не требовала конфискации всех земель, почему она до сих пор говорила лишь о конфискации «отрезков»?

А потому, господа, что в 1903 году, когда партия говорила об «отрезках», российское крестьянство еще не было втянуто в движение. Обязанностью партии было бросить в деревню такой лозунг, который бы зажег сердца крестьян и поднял крестьянство против остатков крепостничества. Именно таким лозунгом были «отрезки», которые ярко напоминали российскому крестьянству о несправедливости остатков крепостничества.

Но потом времена изменились. Крестьянское движение выросло. Его теперь уже не нужно вызывать, — оно и так бушует. Сегодня речь идет не о том, как должно быть приведено в движение крестьянство, а о том, чего должно требовать пришедшее в движение крестьянство. Ясно, что здесь необходимы определенные требования, и вот партия говорит крестьянству, что оно должно требовать конфискации всех помещичьих и казенных земель. А это значит, что всему свое время и место, — как «отрезкам», так и конфискации всех земель.

II

Мы видели, что нынешнее движение деревни представляет освободительное движение крестьян, видели также, что для освобождения крестьян необходимо уничтожить остатки крепостничества, для уничтожения же этих остатков необходимо отобрать все земли у помещиков и казны, чтобы расчистить путь для новой жизни, для свободного развития капитализма.

Предположим, что все это совершилось. Как же потом должны быть распределены эти земли, кому они должны быть переданы в собственность?

Одни говорят, что отобранные земли должны быть переданы деревне в общую собственность, теперь же должна быть уничтожена частная собственность на землю и, таким образом, деревня должна стать полным хозяином земель, а потом сама деревня раздаст крестьянам равные «наделы» и, таким образом, теперь же осуществится социализм в деревне, — вместо наемного труда установится уравнительное землепользование.

Это называется «социализацией земли», говорят наши социалисты-революционеры.

Приемлем ли для нас такой выход? Вникнем в существо дела. Начнем с того, что социалисты-революционеры осуществление социализма хотят начать с деревни. Возможно ли это? Всем известно, что город более развит, чем деревня, что город является вождем деревни, и, стало быть, всякое социалистическое дело должно начинаться с города. Между тем социалисты-революционеры хотят превратить деревню в вожака города и заставить ее начать осуществление социализма, что, разумеется, невозможно ввиду отсталости деревни. Отсюда видно, что «социализм» социалистов-революционеров будет мертворожденным социализмом.

Перейдем теперь к тому, что они хотят теперь же осуществить социализм в деревне. Осуществление социализма — это уничтожение товарного производства, упразднение денежного хозяйства, разрушение капитализма до основания и обобществление всех средств производства.

Социалисты-революционеры же хотят все это оставить в неприкосновенности и обобществить лишь землю, что совершенно невозможно. Если товарное производство останется незыблемым, тогда и земля станет товаром, не сегодня завтра она выступит на рынке, и «социализм» социалистов-революционеров взлетит на воздух. Ясно, что они хотят осуществить социализм в рамках капитализма, что, конечно, немыслимо.

Потому-то и говорят, что «социализм» социалистов-революционеров — это буржуазный социализм.

Что касается уравнительного землепользования, то надо заметить, что это лишь пустые слова, Уравнительное землепользование нуждается в имущественном равенстве, а среди крестьянства существует имущественное неравенство, уничтожить которое не в силах нынешняя демократическая революция. Можно ли думать, что хозяин восьми пар волов в той же мере использует землю, как хозяин, не имеющий ни одного вола? А социалисты-революционеры думают, что «уравнительным землепользованием» уничтожится наемный труд и настанет конец развитию капитала, что, конечно, абсурдно. Очевидно, социалисты-революционеры хотят бороться против дальнейшего развития капитализма и повернуть вспять колесо истории, — в этом они видят спасение. Наука же говорит нам, что победа социализма зависит от развития капитализма и кто борется против этого развития, тот борется против социализма. Потому-то социалистов-революционеров иначе называют социалистами-реакционерами.

Мы уж ничего не говорим о том, что крестьяне хотят бороться за отмену феодальной собственности не против буржуазной собственности, а на почве буржуазной собственности, — они хотят распределить между собой отобранные земли в частную собственность и не удовлетворятся «социализацией земли».

Как видите, «социализация земли» неприемлема.

Другие говорят, что отобранные земли должны быть переданы демократическому государству, крестьяне же будут лишь арендаторами земли у государства.

Это называют «национализацией земли».

Приемлема ли национализация земли? Если мы примем во внимание, что будущее государство, каким бы демократическим оно ни было, все-таки будет буржуазным, что вслед за передачей земель такому государству последует политическое усиление буржуазии, что крайне невыгодно для сельского и городского пролетариата; если примем во внимание также и то, что и сами крестьяне будут против «национализации земли» и не удовлетворятся ролью только арендаторов, — то само собой станет понятно, что «национализация земли» не соответствует интересам нынешнего движения.

Следовательно, «национализация земли» также неприемлема.

Третьи говорят, что земля должна быть передана в собственность местному самоуправлению, крестьяне же будут арендаторами земли у самоуправления.

Это называют «муниципализацией земли».

Приемлема ли муниципализация земли? Что значит «муниципализация земли»?

Это значит, во-первых, что крестьяне не получат в собственность тех земель, которые они в ходе борьбы отбирают у помещиков и казны. Как крестьяне посмотрят на это? Крестьяне хотят получить землю в собственность, крестьяне хотят разделить отобранные земли, они и во сне видят эти земли как свою собственность, и когда им скажут, что земли должны быть переданы не им, а самоуправлению, то, несомненно, крестьяне не согласятся со сторонниками «муниципализации». Этого мы не должны забывать.

Кроме того, как быть, если увлеченные революцией крестьяне присвоят все отобранные земли и ничего не оставят для самоуправления? Не станем же им поперек дороги и не скажем: остановитесь, земли эти должны быть переданы самоуправлению, а не вам, хватит с вас и арендаторства!

Во-вторых, принимая лозунг «муниципализации», мы тем самым теперь же должны бросить этот лозунг в народ и сейчас же должны объяснить крестьянам, что те земли, за которые они борются, которые они хотят захватить в свои руки, будут переданы в собственность самоуправлению, а не крестьянам, Конечно, если партия имеет большое влияние на крестьян, то, возможно, они согласятся с нею, но нечего и говорить, что крестьяне уже не будут бороться с прежним напором, что будет крайне вредно для нынешней революции. Если же партия не имеет на крестьян большого влияния, тогда крестьяне отойдут от нее и повернутся к ней спиной, что вызовет конфликт между крестьянами и партией и значительно ослабит силы революции.

Нам скажут: часто желания крестьян противоречат ходу развития, а мы не можем игнорировать хода истории и всегда следовать желаниям крестьян, — партия должна иметь свои принципы. Сущая истина! Партия должна руководствоваться своими принципами. Но изменила бы своим принципам та партия, которая бы отвергла все указанные выше стремления крестьян, Если стремления крестьян к захвату помещичьих земель и разделу их не противоречат ходу истории, если эти стремления, напротив, полностью вытекают из нынешней демократической революции, если подлинная борьба против феодальной собственности возможна лишь на почве буржуазной собственности, если стремления крестьян выражают именно эту тенденцию, — тогда само собой понятно, что партия не может отвергнуть эти требования крестьян, ибо отказ от поддержки этих требований означал бы отказ от развития революции, Наоборот, если партия имеет принципы, если она не хочет превратиться в тормоз революции, она должна содействовать осуществлению таких стремлений крестьян. А эти стремления в корне противоречат «муниципализации земли»!

Как видите, неприемлема и «муниципализация земли».

III

Мы видели, что ни «социализация», ни «национализация», ни «муниципализация» — ни одна из них не может удовлетворить должным образом интересы нынешней революции.

Как же должны быть распределены отобранные земли, кому они должны быть переданы в собственность?

Ясно, что земли, отобранные крестьянами, должны быть переданы самим крестьянам для того, чтобы дать им возможность разделить эти земли между собой. Так должен быть разрешен поставленный выше вопрос. Раздел земли вызовет мобилизацию собственности. Малоимущие будут продавать земли и станут на путь пролетаризации, зажиточные приобретут новые земли и приступят к улучшению техники обработки, деревня разделится на классы, разгорится обостренная борьба классов, и таким образом будет заложен фундамент дальнейшего развития капитализма. Как видите, раздел земли сам собой вытекает из нынешнего экономического развития.

С другой стороны, лозунг «Земля крестьянам, только крестьянам и больше никому» ободрит крестьянство, вдохнет в него новую силу и поможет довести до конца уже начавшееся революционное движение в деревне.

Как видите, и ход нынешней революции указывает на необходимость раздела земель.

Противники обвиняют нас в том, что всем этим мы возрождаем мелкую буржуазию и что это в корне противоречит учению Маркса. Вот что пишет «Революционная Россия»: «Помогая крестьянству экспроприировать помещиков, вы бессознательно содействуете водворению мелкобуржуазного хозяйства на развалинах более или менее развитых уже форм капиталистического земледельческого хозяйства. Это ли не «шаг назад» с точки зрения ортодоксального марксизма?» (см. «Революционная Россия», № 75).

Я должен сказать, что гг. «критики» перепутали факты. Они забыли, что помещичье хозяйство не является капиталистическим хозяйством, что оно является пережитком крепостнического хозяйства, и, стало быть, экспроприацией помещиков разрушаются остатки крепостнического хозяйства, а не капиталистическое хозяйство. Они забыли и то, что с точки зрения марксизма за крепостническим хозяйством никогда непосредственно не следовало и не может следовать капиталистическое хозяйство — между ними стоит мелкобуржуазное хозяйство, которое сменяет крепостное хозяйство и затем переходит в капиталистическое. Карл Маркс еще в третьем томе «Капитала» говорил, что в истории за крепостническим хозяйством следовало вначале сельское мелкобуржуазное хозяйство и лишь после этого развивалось крупное капиталистическое хозяйство — не было и не могло быть непосредственного прыжка из одного в другое. А между тем эти странные «критики» нам говорят, что отобрание помещичьих земель и их раздел являются движением назад, с точки зрения марксизма. Скоро они обвинят нас в том, что будто бы и «отмена крепостного права» является движением назад, с точки зрения марксизма, так как и тогда некоторые земли были «отобраны» у помещиков и переданы мелким хозяевам — крестьянам. Смешные люди! Они не понимают, что марксизм на все смотрит с исторической точки зрения, что с точки зрения марксизма сельское мелкобуржуазное хозяйство прогрессивно по сравнению с крепостническим хозяйством, что разрушение крепостнического хозяйства и введение мелкобуржуазного являются необходимым условием развития капитализма, который впоследствии вытеснит это мелкобуржуазное хозяйство...

Но оставим в покое «критиков».

Дело в том, что передача земель крестьянам, а затем их раздел подрывает основы крепостнических пережитков, готовит почву для развития капиталистического хозяйства, значительно усиливает революционный подъем, и именно потому это является приемлемым для социал-демократической партии.

Итак, для уничтожения крепостнических остатков необходима конфискация всех помещичьих земель, и эти земли крестьяне должны взять в собственность и разделить их между собой, соответственно своим интересам.

На этой основе должна быть построена аграрная программа партии, Нам скажут: все это относится к крестьянам», но что вы думаете делать с сельскими пролетариями? Мы им отвечаем, что если для крестьян нужна демократическая аграрная программа, то для деревенских и городских пролетариев имеется социалистическая программа, в которой выражены их классовые интересы, а их текущие интересы учтены в шестнадцати пунктах программы — минимум, где говорится об улучшении условий труда (см. Программу партии, принятую на втором съезде). Пока же непосредственная социалистическая работа партии выражается в том, что она ведет социалистическую пропаганду среди сельских пролетариев, объединяет их в собственные социалистические организации и сливает с городскими пролетариями в отдельную политическую партию. Партия постоянно имеет дело с этой частью крестьян и говорит им: поскольку вы осуществляете демократическую революцию, постольку держите связь с борющимися крестьянами и боритесь против помещиков, а поскольку вы идете к социализму, — решительно объединяйтесь с городскими пролетариями и беспощадно боритесь против всякого буржуа, — будь это крестьянин или дворянин. Вместе с крестьянами за демократическую республику! Вместе с рабочими за социализм! — вот что партия говорит сельским пролетариям.

Если движение пролетариев и их социалистическая программа раздуют пламя классовой борьбы, чтобы этим навсегда уничтожить всякую классовость, то в свою очередь крестьянское движение и его аграрно-демократическая программа раздуют в деревне пламя сословной борьбы, чтобы тем самым в корне уничтожить всякую сословность.

Заканчивая статью, нельзя не отозваться на письмо одного читателя, который нам пишет следующее: «Меня все же не удовлетворила ваша первая статья. Разве партия не была против конфискации всех земель? А если это было так, то почему она об этом не говорила?»

Нет, уважаемый читатель, партия никогда не была против такой конфискации. Еще на втором съезде, именно на том съезде, где приняли пункт об «отрезках», — еще на этом съезде (в 1903 г.) партия устами Плеханова и Ленина говорила, что мы поддержим крестьян, если они потребуют конфискации всех земель. Спустя два года (в 1905 г.) обе фракции партии, «большевики» — на третьем съезде и «меньшевики» — на первой конференции, единогласно заявили, что всецело поддержат крестьян в вопросе о конфискации всех земель, Затем газеты обоих партийных течений, как в «Искре» и «Пролетарии», так и в «Новой Жизни» и «Начале», неоднократно призывали крестьянство к конфискации всех земель... Как видите, партия с самого начала стояла за конфискацию всех земель, и, стало быть, у вас нет никаких оснований думать, будто партия плелась в хвосте крестьянского движения.

Крестьянское движение по-настоящему еще не начиналось, крестьяне еще не требовали даже «отрезков», а партия уже говорила о конфискации всех земель на своем втором съезде.

И если вы все же спрашиваете нас, почему мы не внесли в программу в том же 1903 году требования о конфискации всех земель, мы вам ответим вопросом же: а почему социалисты-революционеры в 1900 же году не внесли в свою программу требования демократической республики, неужели они были против этого требования? Почему тогда говорили лишь о национализации, а сегодня прожужжали нам уши социализацией? И если мы сегодня ничего не говорим в программе-минимум о часовом рабочем дне, неужели это значит, что мы против этого? Так в чем же дело? Только в том, что в 1903 году, когда движение еще не окрепло, конфискация всех земель осталась бы на бумаге, неокрепшее движение не справилось бы с этим требованием, ввиду чего тому времени более соответствовали «отрезки». Но в дальнейшем, когда движение выросло и выдвинуло практические вопросы, тут партия должна была показать, что движение не может и не должно остановиться на «отрезках», что необходима конфискация всех земель. Таковы факты.

Наконец, несколько слов о «Цнобис Пурцели» № 9 (см. № 3033). Эта газета несет какую-то чепуху насчет «моды» и «принципа» и уверяет, будто партия когда-то возводила в принцип «отрезки». Что это ложь, что партия принципиально с самого же начала во всеуслышание признавала конфискацию всех земель, это читатель мог видеть и выше. Что же касается того, что «Цнобис Пурцели» не отличает принципов от практических вопросов, это не беда — подрастет и научится их различать.

Подпись: *И. Бесошвили*
Перевод с грузинского

ВРЕМЕННОЕ РЕВОЛЮЦИОННОЕ ПРАВИТЕЛЬСТВО И СОЦИАЛ-ДЕМОКРАТИЯ*

I

Народная революция нарастает. Пролетариат вооружается и поднимает знамя восстания. Крестьянство распрямляет спину и объединяется вокруг пролетариата. Уже недалеко то время, когда грянет и всеобщее восстание и будет «сметен с лица земли» ненавистный трон ненавистного царя. Царское правительство будет низвергнуто. На его развали-

Первый раздел статьи был напечатан в газете «Пролетариатис Брдзола» («Борьба Пролетариата»), № 11, 15 августа 1905 г. Второй раздел печатается впервые. Статья без подписи.

нах будет создано правительство революции — временное революционное правительство, которое обезоружит темные силы, вооружит народ и немедленно приступит к созыву. Учредительного собрания. Таким образом, господство царя сменится господством народа. По такому пути идет в настоящее время народная революция. Что должно сделать временное правительство? Оно должно разоружить темные силы, обуздать врагов революции, чтобы они не могли вновь восстановить царское самодержавие. Оно должно вооружить народ и способствовать доведению революции до конца, Оно должно осуществить свободу слова, печати, собраний и т. п. Оно должно уничтожить косвенные налоги и ввести прогрессивный налог на прибыли и наследство. Оно должно организовать крестьянские комитеты, которые урегулируют земельные дела в деревне. Оно же должно отделить церковь от государства и школу от церкви...

Кроме этих общих требований, временное правительство должно осуществить и классовые требования рабочих: свободу стачек и союзов, –часовой рабочий день, государственное страхование рабочих, гигиенические условия труда, учреждение «бирж труда» и т. д.

Одним словом, временное правительство должно полностью осуществить нашу программу-минимум и немедленно приступить к созыву всенародного Учредительного собрания, которое «навсегда» узаконит изменения, происшедшие в общественной жизни. Кто должен войти во временное правительство? Революцию совершит народ, а народ — это пролетариат и крестьянство. Ясно, что они должны взять на себя и доведение революции до конца, обуздание реакции, вооружение народа и т. п. А для всего этого необходимо, чтобы пролетариат и крестьянство имели защитников своих интересов во временном правительстве. Пролетариат и крестьянство будут господствовать на улице, они будут проливать свою кровь, — ясно, что они должны господствовать и во временном правительстве.

Все это так, говорят нам, но что общего между пролетариатом и крестьянством? Общее то, что оба они ненавидят остатки крепостничества, оба они борются не на жизнь, а на смерть с царским правительством, оба они хотят демократической республики. Это, однако, не может заставить нас забыть ту истину, что различие между ними гораздо значительнее. В чем состоит это различие?

В том, что пролетариат — враг частной собственности, он ненавидит буржуазные порядки, и демократическая республика нужна ему лишь для того, чтобы собраться с силами и затем свергнуть буржуазный строй, тогда как крестьянство привязано к частной собственности, привержено буржуазным порядкам, и демократическая республика ему нужна для того, чтобы укрепить основы буржуазного строя.

Нечего и говорить, что крестьянство пойдет против пролетариата лишь постольку, поскольку пролетариат захочет уничтожить частную собственность.

С другой стороны, ясно также и то, что крестьянство поддержит пролетариат лишь постольку, поскольку пролетариат захочет свергнуть самодержавие. Нынешняя революция — буржуазная, т. е. она не затрагивает частной собственности, следовательно, крестьянство в настоящее время не имеет никаких оснований к тому, чтобы обращать свое оружие против пролетариата. Зато нынешняя революция в корне отвергает царскую власть, следовательно, крестьянство заинтересовано в том, чтобы решительно примкнуть к пролетариату, как передовой силе революции. Ясно, что и пролетариат также заинтересован в том, чтобы поддержать крестьянство и вместе с ним выступить против общего врага — царского правительства. Недаром великий Энгельс говорит, что до победы демократической революции пролетариат должен выступать против существующих порядков рядом с мелкой буржуазией. И если до полного обуздания врагов революции наша победа не может быть названа победой, если обуздание врагов и вооружение народа являются обязанностью временного правительства, если завершение победы должно взять на себя временное правительство, — то само собой ясно, что во временное правительство, кроме защитников интересов мелкой буржуазии, должны войти и представители пролетариата, как защитники его интересов.

Было бы безрассудством, если бы пролетариат, выступая руководителем революции, предоставил доведение ее до конца одной только мелкой буржуазии: это было бы изменой самому себе. Не следует только забывать, что пролетариат, как враг частной собственности, должен иметь свою собственную партию и ни на минуту не должен сворачивать со своего пути.

Иначе говоря, пролетариат и крестьянство должны совместными усилиями покончить с царским правительством, они совместными усилиями должны обуздать врагов революции, и именно поэтому наряду с крестьянством пролетариат также должен иметь во временном правительстве защитников своих интересов — социал-демократов.

Это так ясно, так очевидно, что говорить об этом как будто бы даже излишне. Но вот выступает «меньшинство» и, сомневаясь в этом, упрямо твердит: не к лицу социал-демократии участвовать во временном правительстве, это противоречит принципам.

Разберем этот вопрос. Каковы доводы «меньшинства»? Прежде всего оно ссылается на Амстердамский конгресс. Этот конгресс, в противовес жоресизму, принял решение о том, что социалисты не должны стремиться к участию в буржуазном правительстве, а так как временное правительство является буржуазным правительством, то участие во временном правительстве для нас недопустимо. Так рассуждает «меньшинство» и не замечает, что при таком школьническом понимании решения конгресса мы и в революции не должны участвовать. В самом деле: мы — враги буржуазии, нынешняя же революция — буржуазная, — следовательно, мы не должны принимать никакого участия в этой революции! На этот путь толкает нас логика «меньшинства».

Социал-демократия же говорит, что мы, пролетарии, не только должны принять участие в нынешней революции, но и должны возглавить ее, руководить ею и довести ее до конца. А доведение революции до конца невозможно без участия во временном правительстве. Бесспорно, что здесь логика «меньшинства» хромает на обе ноги. Одно из двух:

либо мы, уподобляясь либералам, должны отказаться от мысли, что пролетариат является руководителем революции, — тогда сам собой отпадает вопрос о нашем участии во временном правительстве; либо мы должны открыто признать эту социал-демократическую идею, а вместе с тем признать необходимость участия во временном правительстве. «Меньшинство» же не хочет рвать ни с тем, ни с другим, оно хочет ходить и в либералах и в социал-демократах! Так безжалостно насилует оно ни в чем не повинную логику...

Что касается Амстердамского конгресса, то он имел в виду постоянное правительство Франции, а не временное революционное правительство.

Правительство Франции является реакционно-консервативным, оно отстаивает старое и борется против нового, — понятно, что в него и не войдет подлинный социал-демократ, между тем временное правительство является революционно-прогрессивным, оно борется против старого, прокладывает путь новому, оно служит интересам революции, — понятно, что подлинный социал-демократ войдет в него и примет активное участие в увенчании дела революции. Как видите, это — вещи разные. Так что «меньшинство» зря цепляется за Амстердамский конгресс: он не спасет его от провала. Видимо, это почувствовало и само «меньшинство» и обращается к другому доводу: оно взывает теперь к теням Маркса и Энгельса. Так, например, «Социал-Демократ» упрямо повторяет, что Маркс и Энгельс «в корне отвергают» участие во временном правительстве. Но где, когда отвергали? Что же, например, говорит Маркс? Оказывается, Маркс говорит, что «...демократические мелкие буржуа... проповедуют пролетариату... стремиться к созданию одной большой оппозиционной партии, которая охватила бы все оттенки в демократической партии...», что «подобное объединение безусловно принесло бы вред пролетариату и было бы выгодно исключительно им (мелким буржуа)» и т. д. Словом, пролетариат должен иметь отдельную классовую партию. Но кто же против этого, «ученый критик»? Почему вы сражаетесь с ветряными мельницами?

«Критик» тем не менее продолжает цитировать Маркса. «На случай борьбы против общего врага не нужно никакого особого объединения. Поскольку необходимо вести прямую борьбу против такого противника, интересы обеих партий на время совпадают, и... возникает такой союз, рассчитанный лишь на данный момент... Во время борьбы и после нее рабочие должны при каждом случае наряду с потребностями (должно быть: требованиями) буржуазных демократов выставлять свои собственные потребности (требования)... Одним словом, с первого же момента победы необходимо направлять недоверие... против своих прежних союзников, против той партии, которая хочет использовать общую победу исключительно для себя»». Иначе говоря, пролетариат должен идти своим путем и поддерживать мелкую буржуазию лишь постольку, поскольку это не противоречит его интересам. А кто же против этого, удивительный «критик», и для чего понадобилась вам ссылка на слова Маркса? Разве Маркс говорит что-либо о временном революционном правительстве? Ни единого слова! Разве Маркс говорит, что участие во временном правительстве во время демократической революции противоречит нашим принципам? Ни единого слова! Так чего же приходит в телячий восторг наш автор, откуда он выудил «принципиальное противоречие» между нами и Марксом? Бедный «критик»! Он из кожи лезет вон, чтобы найти такое противоречие, но, к его огорчению, ничего из этого не получается.

Что же говорит Энгельс, по заявлению меньшевиков? В письме к Турати он, оказывается, говорит, что грядущая революция в Италии будет мелкобуржуазной, а не социалистической, до ее победы пролетариат должен выступать против существующего строя вместе с мелкой буржуазией, но обязательно имея свою собственную партию, но было бы чрезвычайно опасно после победы революции вступать социалистам в новое правительство. Этим они повторили бы ошибку Луи Блана и других французских социалистов в 1818 г. и т. д. Иначе говоря, поскольку итальянская революция будет демократической, а не социалистической, постольку было бы большой ошибкой мечтать о господстве пролетариата и оставаться в правительстве и после победы, только до победы пролетариат мог бы выступать вместе с мелкими буржуа против общего врага. Но кто же спорит против этого, кто говорит, что мы должны смешивать демократическую революцию с социалистической?

Зачем было ссылаться на последователя Бернштейна – Турати? Или для чего понадобилось вспоминать Луи Клана? Луи Клан был мелкобуржуазным «социалистом», а у нас речь идет о социал-демократах. Во времена Луи Клана социал-демократической партии не существовало, а здесь речь идет именно о такой партии. Французские социалисты имели в виду завоевание политической власти, нас же интересует вопрос об участии во временном правительстве... Разве Энгельс говорит, что участие во временном правительстве во время демократической революции противоречит нашим принципам? Ни единого слова!

Так для чего было столько разглагольствовать, наш меньшевик, как вы не понимаете, что спутать вопросы не значит разрешить их? Для чего было понапрасну тревожить тени Маркса и Энгельса? «Меньшинство», видать, само почувствовало, что его не спасут имена Маркса и Энгельса, и теперь оно ухватилось за третий «довод». Вы хотите наложить двойную узду на врагов революции, говорит нам «меньшинство», вы хотите, чтобы «давление пролетариата на революцию шло не «снизу» только, не только с улицы, но и сверху, из чертогов временного правительства». Но это противоречит принципу, укоряет нас «меньшинство», Таким образом, «меньшинство» утверждает, что воздействовать на ход революции мы должны «только снизу». «Большинство», напротив, считает, что действие «снизу» мы должны дополнить действием «сверху», чтобы напор был более всесторонним. Кто же в таком случае вступает в противоречие с принципом социал-демократии, «большинство» или «меньшинство»?

Обратимся к Энгельсу. В семидесятых годах в Испании произошло восстание. Встал вопрос о временном революционном правительстве. Тогда там подвизались бакунисты (анархисты). Они отрицали всякое действие сверху, и это вызвало полемику между ними и Энгельсом. Бакунисты проповедывали то же самое, что ныне говорит «меньшинство». «Бакунисты, — говорит Энгельс, — много лет проповедовали, что всякое революционное действие сверху вниз зловредно, что все должно быть организуемо и проводимо снизу вверх». По их мнению, «всякая организация политической, так называемой временной или революционной власти может быть лишь новым обманом и оказалась бы столь же опасной для пролетариата, как все ныне существующие правительства».

Энгельс высмеивает этот взгляд и говорит, что жизнь жестоко опровергла это учение бакунистов. Бакунисты вынуждены были уступить требованиям жизни, и им... «пришлось вопреки их анархическим принципам образовать революционное правительство». Так они «попирали только что провозглашенный ими самими принцип: будто учреждение революционного правительства есть лишь новый обман и новая измена рабочему классу». Так говорит Энгельс.

Таким образом, выясняется, что принцип «меньшинства» — действие только «снизу» — является анархистским принципом, который и в самом деле в корне противоречит социал-демократической тактике. Взгляд «меньшинства», что всякое участие во временном правительстве якобы гибельно для рабочих, является анархистской фразой, которую высмеял еще Энгельс, Выясняется также и то, что жизнь отбросит взгляды «меньшинства» и шутя разобьет их, как это случилось с бакунистами. «Меньшинство» все-таки продолжает упорствовать — мы-де не пойдем против принципов. Странное представление у этих людей о социал-демократических принципах. Взять хотя бы их принципиальные взгляды в отношении временного революционного правительства и Государственной думы. «Меньшинство» против участия во временном правительстве, порождаемом интересами революции, — это-де противоречит принципам. Но оно за участие в Государственной думе, которая порождена интересами самодержавия, — это, оказывается, не противоречит принципам. «Меньшинство» против участия во временном правительстве, которое создаст революционный народ и народ же узаконит, — это-де противоречит принципам. Но оно за участие в Государственной думе, которую созывает самодержавный царь и царь же узаконяет, — это, оказывается, не противоречит принципам! «Меньшинство» против участия во временном правительстве, которое призвано похоронить самодержавие, — это-де противоречит принципам. Но оно за участие в Государственной думе, которая призвана укрепить самодержавие, — это, оказывается, не противоречит принципам... О каких это принципах говорите вы, почтеннейшие, о принципах либералов или социал-демократов? Очень хорошо поступите, если дадите на этот вопрос прямой ответ. Мы в этом что-то сомневаемся.

Однако оставим эти вопросы.

Дело в том, что в поисках принципов «меньшинство» скатилось на путь анархистов.

Вот что ныне выяснилось.

II

Нашим меньшевикам не понравились резолюции, принятые на III партийном съезде. Их истинно революционный смысл потревожил меньшевистское «болото» и возбудил в нем аппетит к «критике». По-видимому, на их оппортунистический склад ума оказала воздействие главным образом резолюция о временном революционном правительстве, и они приступили к ее «уничтожению». Но, так как они там не нашли ничего, за что могли бы ухватиться и раскритиковать, то обратились к своему обычному и притом дешевому средству — демагогии! Эта резолюция составлена для приманки рабочих, для обмана и ослепления их, — пишут эти «критики». И, как видно, этой своей возней они очень удовлетворены. Они вообразили противника пораженным на смерть, а себя критиками-победителями и восклицают: «И они (авторы резолюции) хотят руководить пролетариатом!» Смотришь на этих «критиков» и представляется твоему взору герой Гоголя, находившийся в состоянии невменяемости и воображавший себя королем Испании. Такова судьба страдающих манией величия!

Присмотримся к самой «критике», которую мы находим в «№ 5 «Социал-Демократа». Как вы уже знаете, наши меньшевики не могут без страха вспомнить о кровавом призраке временного революционного правительства и взывают к своим святым — Мартыновым — Акимовым, дабы они избавили их от этого чудовища и заменили его Земским собором — ныне уже Государственной думой. В этих целях они до небес возносят «Земский собор» и стараются сбыть за чистую монету это гнилое порождение гнилого царизма: «Мы знаем, что великая французская революция учредила республику, не имея временного правительства», — пишут они. И только? Больше ничего не знаете, «почтенные»? Маловато! Следовало бы побольше знать! Следовало бы знать, например, и то, что великая французская революция восторжествовала, как буржуазное революционное движение, российское же «революционное движение восторжествует, как движение рабочих, или совсем не восторжествует», как справедливо говорит Г. Плеханов. Во Франции во главе революции стояла буржуазия, в России же стоит пролетариат. Там первая управляла судьбой революции, тут — последний. И разве не ясно, что при такой перестановке руководящих революционных сил не могут получиться тождественные результаты для того и другого класса? Если во Франции буржуазия, стоя во главе революции, воспользовалась ее плодами, то неужели и в России она также должна воспользоваться ими, несмотря на то, что во главе революции стоит пролетариат? Да, говорят наши меньшевики, что произошло там, во Франции, то и здесь, в России, должно случиться. Эти господа, подобно гробовщику, берут мерку с давно усопшего и этой меркой меряют живых. Кроме того, они допустили тут порядочную фальшь: с интересующего нас предмета сняли голову и центр полемики перенесли на хвост. Мы, как и всякий революционный социал-демократ, говорим об учреждении демократической республики. Они же слово «демократической» куда-то припрятали и начали разглагольствовать о «республике». «Мы знаем, что великая французская резолюция учредила республику», — проповедуют они. Да, она учредила республику, но какую, — подлинно демократическую? Такую, какую требует Российская соц.-дем. рабочая партия? Давала эта республика народу право всеобщих выборов?

Вполне ли прямыми были тогдашние выборы? Был ли введен прогрессивный подоходный налог? Разве что-нибудь говорилось там об улучшении условий труда, об уменьшении рабочего дня, об увеличении заработной платы и прочее?.. Нет. Ничего этого там не было, да и быть помогло, ибо у рабочих не было тогда социал-демократического воспитания. Потому-то их интересы в тогдашней французской республике были забыты и обойдены буржуазией. И неужели, господа, перед такой республикой преклоняете вы свои «высокочтимые» головы? Таков ваш идеал? Доброго пути! Но помните, почтенные, что преклонение перед такой республикой ничего общего не имеет с социал-демократией и ее программой — это демократизм худшего порядка. А вы все это проводите контрабандой, прикрываясь именем социал-демократии.

Кроме того, меньшевики должны знать, что российская буржуазия со своим Земским собором даже такой республикой, как во Франции, не пожалует нас, — она совсем не намерена уничтожить монархию. Зная прекрасно «дерзость» рабочих там, где нет монархии, она старается сохранить эту крепость в целости и обратить ее в свое собственное орудие против непримиримого врага — пролетариата. В этих-то целях и ведет она переговоры именем «народа» с царем-палачом и советует ему в интересах «родины» и престола созвать Земский собор во избежание «анархии». Неужели вы, меньшевики, всего этого не знаете?

Нам нужна не такая республика, которую ввела французская буржуазия в XVIII веке, а такая, какую требует Российская с.-д. рабочая партия в XX веке. А такую республику могут создать только народное победоносное восстание во главе с пролетариатом и выдвинутое им временное революционное правительство. Только такое временное правительство может временно осуществлять нашу программу-минимум и представить подобные изменения на утверждение созванного им Учредительного собрания.

Наши «критики» не верят, чтобы Учредительное собрание, созванное согласно нашей программе, могло выразить волю народа (да и как они могут это себе представить, когда они не идут дальше великой французской революции, происшедшей 115-116 лет тому назад). «Имущие и влиятельные лица, – продолжают «критики», – имеют столько средств для подтасовки выборов в свою пользу, что разговоры о действительной воле народа совершенно излишни. Для того чтобы избиратели из неимущих не стали выразителями воли богатых, нужна великая борьба, длительная партийная дисциплина» (которая не признается меньшевиками?). «Даже в Европе (?), несмотря на долголетнее политическое воспитание, все это не осуществлено. И вот нашим большевикам думается, что этот талисман держит в руках временное правительство!»

Вот истинный хвостизм! Вот «в базе почившие» «тактика-процесс» и «организация-процесс» во всю свою натуральную величину! О требовании в России того, что еще не осуществлено в Европе, не может быть и речи, поучают нас «критики»! Мы же знаем, что не только в «Европе», но и в Америке наша программа-минимум не осуществлена полностью, и, следовательно, кто ее принимает и борется за ее осуществление в России, после падения самодержавия, тот, по мнению меньшевиков, неисправимый мечтатель, жалкий Донкихот! Словом, наша программа-минимум фальшива, утопична и ничего общего не имеет с действительной «жизнью»! Не так ли, господа «критики»? Именно так и получается по-вашему. Тогда имейте больше мужества и объявите об этом прямо, без уверток! Тогда мы будем знать, с кем имеем дело, и вы освободитесь от ненавистных вам программных формальностей! А то вы так робко, так трусливо говорите о маловажности программы, что многие, кроме большевиков, конечно, еще думают, что вы признаете российскую с.-д. программу, принятую на II партийном съезде. Но к чему это фарисейство?

И вот здесь мы подошли вплотную к основе наших разногласий. Вы не верите в нашу программу и оспариваете ее правильность, мы же, наоборот, всегда исходим из нее, все свои действия согласовываем с ней!

Мы верим, что подкупить и обмануть весь народ не смогут «имущие и влиятельные лица» при свободе предвыборной агитации. Ибо мы их влиянию и золоту противопоставим социал-демократическое правдивое слово (и в этой правде мы, в отличие от вас, ничуть не сомневаемся) и тем ослабим мошеннические проделки буржуазии. Вы же не верите в это дело и потому тянете революцию в сторону реформизма. «В 1848 году, — продолжают «критики», — временное правительство во Франции (опять Франция!), в котором участвовали и рабочие, созвало такое Учредительное собрание, куда не прошел ни один делегат парижского пролетариата». Вот еще полное непонимание социал-демократического учения и шаблонное представление об истории! К чему швыряться фразами? Во Франции, несмотря на то, что рабочие участвовали во временном правительстве, ничего не вышло, а потому и в России социал-демократия должна отказаться от участия в нем, ибо и тут ничего не выйдет, — заключают «критики». Но разве дело в участии рабочих? Разве мы говорим, что рабочий, кто бы и какого бы направления он ни был, должен участвовать во временном революционном правительстве? Нет, мы пока еще не сделались вашими последователями и не снабжаем каждого рабочего аттестацией социал-демократа. Назвать же участвовавших во французском временном правительстве рабочих членами социал-демократической партии нам и в голову не приходило! К чему эта неуместная аналогия. Да и какое сравнение может быть между политическим сознанием французского пролетариата в 1888 г. и политическим сознанием российского пролетариата в данный момент? Разве французский пролетариат того времени выступал хоть раз на политическую демонстрацию против тогдашнего строя? Праздновал ли он когда-либо Первое мая под знаком борьбы с буржуазным строем? Был ли он организован в социал-демократическую рабочую партию? Имел ли он программу социал-демократии? Мы знаем, что нет.

Обо всем этом французский пролетариат даже представления не имел. Спрашивается, мог ли французский пролетариат пользоваться тогда плодами революции в такой же мере, в какой может пользоваться ими российский пролетариат, тот пролетариат, который давно организован в социал-демократическую партию, имеет вполне определенную социал-демократическую программу и сознательно прокладывает путь к своей цели? Всякий, кто хоть чуточку способен понимать реальные вещи, ответит на это отрицательно. И только люди, способные зазубрить исторические факты, но не умеющие объяснить их происхождение сообразно месту и времени, могут отождествлять эти две разные величины. «Нужны, — еще и еще поучают «критики», — насилие со стороны народа, беспрерывная революция, а не то, чтобы удовлетвориться выборами и разойтись по домам». Опять клевета. Кто же сказал вам, почтенные, что мы удовлетворяемся выборами и расходимся по домам? Назовите-ка!

Наши «критики» взволнованы еще тем, что мы от временного революционного правительства требуем осуществления нашей программы-минимум, и восклицают:

«Это полное незнание дела; дело в том, что политические и экономические требования нашей программы могут быть осуществлены лишь при помощи законодательства, временное же правительство — не законодательное учреждение». При чтении этой прокурорской речи, направленной против «противозаконных деяний», закрадывается сомнение, не посвятил ли эту статью «Социал-Демократу» какой-нибудь либеральный буржуа, благоговеющий перед законностью? Как иначе объяснить то буржуазное мудрствование, что временное революционное правительство не вправе будто бы отменять старые и вводить новые законы! Разве это рассуждение не отдает пошлым либерализмом?

И не странно ли слышать его из уст революционера? Ведь это напоминает случай с обреченным, которому собирались снести голову, а он умолял не задевать прыщик на шее. Впрочем, все можно простить «критикам», не отличающим временное революционное правительство от обычного кабинета министров (да они в том и не виноваты) учителя Мартыновы — Акимовы довели их до этого). Что такое кабинет министров? — Результат существования постоянного правительства. А что такое временное революционное правительство? — Результат уничтожения постоянного правительства. Первый приводит в исполнение существующие законы с помощью постоянной армии.

Второе упраздняет существующие законы и взамен их с помощью восставшего народа узаконяет волю революции. Что между ними общего?

Допустим, что революция восторжествовала и победивший народ составил временное революционное правительство. Возникает вопрос: как быть этому правительству, если оно не вправе отменять и вводить законы? Ждать Учредительного собрания? Да ведь созыв этого собрания тоже требует введения новых законов, как-то: всеобщего, прямого и т. д. избирательного права, свободы слова, печати) собраний и т. п. А все это входит в нашу программу-минимум. И если временное революционное правительство не может ее осуществить, то чем же оно будет руководствоваться при созыве Учредительного собрания? Не программой ли, составленной Булыгиным и одобренной Николаем II?

Предположим еще, что победивший народ, понеся многочисленные жертвы из-за отсутствия оружия, требует от временного революционного правительства в целях борьбы с контрреволюцией уничтожения постоянной армии и вооружения народа. В это время выступают меньшевики с проповедью: уничтожение постоянной армии и вооружение народа — дело не этого ведомства (временного революционного правительства), а другого — Учредительного собрания — апеллируйте к нему) не требуйте противозаконных актов и т. д. Хороши советчики) нечего сказать!

Теперь посмотрим, на каком основании меньшевики лишают временное революционное правительство «правоспособности». Во-первых, на том основании, что оно не законодательное учреждение, а во-вторых, Учредительному собранию, дескать, нечего будет делать. Вот до какого позора договорились эти политические младенцы! Оказывается, они даже не знают, что торжествующая революция и выразитель ее воли — временное революционное правительство-де составления постоянного правительства являются господами положения и, следовательно, могут отменять и вводить законы! Если бы это было иначе, если бы временное революционное правительство не имело этих прав, то тогда его существование не имело бы никакого смысла и восставший народ не создал бы такого органа. Странно, что меньшевики забыли азбуку революции.

Меньшевики спрашивают: что же должно делать Учредительное собрание, если нашу программу-минимум осуществит временное революционное правительство?

Вы опасаетесь, почтенные, что оно будет страдать безработицей. Не бойтесь, у него работы будет вдоволь. Оно санкционирует те изменения, которые произведет временное революционное правительство при помощи восставшего народа, оно выработает конституцию страны, в коей наша программа-минимум будет лишь составной частью. Вот чего мы потребуем от Учредительного собрания!

«Они (большевики) не могут себе представить раскола между самой мелкой буржуазией и рабочими, раскола, который отразится и на выборах, и, следовательно, временное правительство захочет угнетать в пользу своего класса избирателей-рабочих», — пишут «критики». Пойми, кто может, эту мудрость! Что значит: «временное правительство захочет угнетать в пользу своего класса избирателей-рабочих!!? О каком временном правительстве говорят они, с какими ветряными мельницами борются эти донкихоты? Разве кто-нибудь говорил, что если мелкая буржуазия одна овладеет временным революционным правительством, она все же будет защищать интересы рабочих?

К чему навязывать свое собственное недомыслие другим? Мы говорим, что вместе с представителями демократии при известных условиях допустимо участие во временном революционном правительстве и наших социал-демократических делегатов. Если это так, если речь идет о таком временном революционном правительстве, куда входят и социал-демократы, то каким же образом оно будет мелкобуржуазным по составу? Свои же доводы об участии во временном революционном правительстве мы основываем на том, что интересам демократии — крестьянства и городской мелкой буржуазии (которую вы, меньшевики, приглашаете в свою партию) — в основном не противоречит осуществление нашей программы-минимум, а потому считаем возможным провести ее вместе с нею. Если же демократия воспрепятствует проведению некоторых ее пунктов, тогда наши делегаты, поддерживаемые с улицы своими избирателями, пролетариатом, постараются провести эту программу силой, если таковая будет налицо (если этой силы не будет, мы не войдем, да и не выберут нас во временное правительство). Как видите, социал-демократия должна войти во временное революционное правительство именно для того, чтобы защищать там социал-демократические взгляды, т. е. не дать другим классам ущемить интересы пролетариата.

Представители Российской соц.-дем. рабочей партии во временном революционном правительстве объявят борьбу не пролетариату, как это мерещится меньшевикам по недомыслию, а вместе с пролетариатом — врагам пролетариата. Но что вам, меньшевикам, до всего этого, что вам до революции и ее временного правительства Ваше место там, в «Го[сударственной думе»]...

Перевод с грузинского

ГОД ВЕЛИКОГО ПЕРЕЛОМА*

К XII годовщине Октября. Истекший год был годом великого перелома на всех фронтах социалистического строительства. Перелом этот шел и продолжает идти под знаком решительного наступления социализма на капиталистические элементы города и деревни.

Характерная особенность этого наступления состоит в том, что оно уже дало нам ряд решающих успехов в основных областях социалистической перестройки (реконструкции) нашего народного хозяйства.

* 7 ноября 1929 г. «Правда», № 259.

Из этого следует, что партия сумела целесообразно использовать наше отступление на первых стадиях новой экономической политики для того, чтобы потом, на последующих ее стадиях, организовать перелом и повести успешное наступление на капиталистические элементы.

Ленин говорил при введении нэпа: «Мы сейчас отступаем, как бы отступаем назад, но мы это делаем, чтобы сначала отступить, а потом разбежаться и сильнее прыгнуть вперед. Только под одним этим условием мы отступили назад в проведении нашей новой экономической политики... чтобы после отступления начать упорнейшее наступление вперед» (т. XXVII, стр. 361–382).

Итоги истекшего года с несомненностью говорят о том, что партия с успехом выполняет в своей работе решающее указание Ленина.

Если взять итоги истекшего года по линии хозяйственного строительства, имеющего для нас решающее значение, то успехи нашего наступления на этом фронте, наши достижения за истекший год можно было бы свести к трем основным моментам.

I
В области производительности труда

Едва ли можно сомневаться, что одним из самых важных фактов нашего строительства за последний год является тот факт, что нам удалось добиться решительного перелома в области производительности труда. Перелом этот выразился в развертывании творческой инициативы и могучего трудового подъема миллионных масс рабочего класса на фронте социалистического строительства. В этом наше первое и основное достижение за истекший год. Развертывание творческой инициативы и трудового подъема масс стимулировалось по трем основным линиям: а) по линии борьбы с бюрократизмом, сковывающим трудовую инициативу и трудовую активность масс — через самокритику; б) по линии борьбы с прогульщиками и разрушителями пролетарской трудовой дисциплины — через социалистическое соревнование; в) по линии борьбы с рутиной и косностью в производстве — через организацию непрерывки.

В результате мы имеем величайшее достижение на фронте труда в виде трудового энтузиазма и трудовой переклички миллионных масс рабочего класса во всех концах нашей необъятной страны. А значение этого достижения поистине неоценимо, ибо только трудовой подъем и трудовой энтузиазм миллионных масс может обеспечить тот поступательный рост производительности труда, без которого немыслима окончательная победа социализма в нашей стране над капитализмом.

«Производительность труда, — говорит Ленин, — это, в последнем счете, самое важное, самое главное для победы нового общественного строя. Капитализм создал производительность труда, невиданную при крепостничестве. Капитализм может быть окончательно побежден и будет окончательно побежден тем, что социализм создает новую, гораздо более высокую производительность труда» (т. XXIV, стр. 342).

Исходя из этого, Ленин считает, что: «Мы должны проникнуться тем трудовым энтузиазмом, той волей к труду, упорством, от которого теперь зависит быстрейшее спасение рабочих и крестьян, спасение народного хозяйства» (т. XXV, стр. 477). Такова задача, поставленная Лениным перед партией. Истекший год показал, что партия с успехом выполняет эту задачу, решительно преодолевая стоящие на этом пути трудности. Так обстоит дело с первым важным достижением партии за истекший год.

II

В области строительства промышленности

В неразрывной связи с этим первым достижением партии стоит второе ее достижение. Состоит оно, это второе достижение партии, в том, что мы добились за истекший год благоприятного разрешения в основном проблемы накопления для капитального строительства тяжелой промышленности, взяли ускоренный темп развития производства средств производства и создали предпосылки для превращения нашей страны в страну металлическую.

В этом наше второе и основное достижение за истекший год. Проблема легкой индустрии не представляет особенных трудностей. Она уже разрешена нами несколько лет назад. Труднее и важнее проблема тяжелой индустрии.

Труднее, так как она требует колоссальных вложений, причем, как показывает история отсталых в промышленном отношении стран, тяжелая индустрия не обходится без колоссальных долгосрочных займов.

Важнее, так как без развития тяжелой промышленности мы не можем построить никакой промышленности, не можем провести никакой индустриализации. А так как мы не имели и не имеем ни долгосрочных займов, ни сколько-нибудь длительных кредитов, то острота проблемы становится для нас более чем очевидной.

Из этого именно и исходят капиталисты всех стран, когда они отказывают нам в займах и кредитах, полагая, что мы не справимся своими собственными силами с проблемой накопления, сорвемся на вопросе о реконструкции тяжелой промышленности и вынуждены будем пойти к ним на поклон, в кабалу.

А что говорят нам на этот счет итоги истекшего года? Значение итогов истекшего года состоит в том, что они разбивают вдребезги расчеты господ капиталистов.

Истекший год показал, что, несмотря на явную и тайную финансовую блокаду СССР, мы в кабалу к капиталистам не пошли и с успехом разрешили своими собственными силами проблему накопления, заложив основы тяжелой ндустрии.

Этого теперь не могут отрицать даже заядлые враги рабочего класса.

В самом деле, если, во-первых, капитальные вложения в крупную промышленность в прошлом году составляли свыше 1600 млн. руб., причем из них около 1300 млн. ушло на тяжелую промышленность, а капитальные вложения в крупную промышленность в этом году составляют свыше 3400 млн. руб., причем из них свыше 2500 млн. уйдет на тяжелую промышленность; если, во-вторых, валовая продукция крупной промышленности за прошлый год дала 23% роста, причем тяжелая промышленность в том числе дала рост на 30%, а валовая продукция крупной промышленности на текущий год должна дать рост на 32%, причем тяжелая промышленность в том числе должна дать рост на 46%,— то разве не ясно, что проблема накопления для построения тяжелой промышленности не представляет уже для нас непреодолимых трудностей.

Как можно сомневаться в том, что мы идем вперед ускоренным шагом по линии развития нашей тяжелой индустрии, обгоняя старые темпы и оставляя позади нашу «исконную» отсталость?

Можно ли удивляться после всего сказанного, что предположения пятилетки оказались в истекшем году превзойденными, а оптимальный вариант пятилетки, считающийся у буржуазных писак «недосягаемой фантастикой» и приводящий в ужас наших правых оппортунистов (группа Бухарина), превратился на деле в минимальный вариант пятилетки?

«Спасением для России, — говорит Ленин, — является не только хороший урожай в крестьянском хозяйстве, — этого еще мало, — и не только хорошее состояние легкой промышленности, поставляющей крестьянству предметы потребления, этого тоже еще мало, — нам необходима также тяжелая индустрия... Без спасения тяжелой промышленности, без ее восстановления мы не сможем построить никакой промышленности, а без нее мы вообще погибнем, как самостоятельная страна... Тяжелая индустрия нуждается в государственных субсидиях. Если мы их не найдем, то мы, как цивилизованное государство — я уже не говорю, как социалистическое, — погибли» (т. XXVII, стр. 349).

Вот до чего круто формулирует Ленин проблему накопления и задачу партии по построению тяжелой промышленности. Истекший год показал, что партия с успехом справляется с этой задачей, решительно преодолевая все и всякие трудности на этом пути.

Это не значит, конечно, что промышленность не будет иметь больше серьезных трудностей. Задача построения тяжелой промышленности упирается не только в проблему накопления. Она упирается еще в проблему кадров, в проблему: а) приобщения десятков тысяч советски настроенных техников и специалистов к социалистическому строительству и б) выработки новых красных техников и красных специалистов из людей рабочего класса.

Если проблему накопления можно считать в основном разрешенной, то проблема кадров ищет еще своего разрешения. А проблема кадров является теперь, в обстановке технической реконструкции промышленности, решающей проблемой социалистического строительства. «Главное, — говорит Ленин, — чего нам не хватает, — культурности, уменья управлять... Экономически и политически НЭП вполне обеспечивает нам возможность постройки фундамента социалистической экономики. Дело «только» в культурных силах пролетариата и его авангарда» (т. XXII, стр. 207).

Очевидно, что речь идет здесь, прежде всего, о проблеме «культурных сил», о проблеме кадров для хозяйственного строительства вообще, для строительства и управления промышленности — в особенности.

Но из этого следует, что, несмотря на серьезнейшие достижения в области накопления, имеющие существенное значение для тяжелой промышленности, проблему построения тяжелой промышленности нельзя считать полностью разрешенной, пока не будет разрешена проблема кадров.

Отсюда задача партии — взяться вплотную за проблему кадров и овладеть этой крепостью во что бы то ни стало.

Так обстоит дело со вторым достижением партии за истекший год.

III
В области строительства сельского хозяйства

Наконец, о третьем достижении партии за истекший год, органически связанном с двумя первыми достижениями. Речь идет о коренном переломе в развитии нашего земледелия от мелкого и отсталого индивидуального хозяйства к крупному и передовому коллективному земледелию, к совместной обработке земли, к машинно-тракторным станциям, к артелям, колхозам, опирающимся на новую технику, наконец, к гигантам-совхозам, вооруженным сотнями тракторов и комбайнов.

Достижение партии состоит здесь в том, что нам удалось повернуть основные массы крестьянства в целом ряде районов от старого, капиталистического пути развития, от которого выигрывает лишь кучка богатеев-капиталистов, а громадное большинство крестьян вынуждено разоряться и прозябать в нищете, — к новому, социалистическому пути развития, который вытесняет богатеев-капиталистов, а середняков и бедноту перевооружает по-новому, вооружает новыми орудиями, вооружает тракторами и сельскохозяйственными машинами, для того чтобы дать им выбраться из нищеты и кулацкой кабалы на широкий путь товарищеской, коллективной обработки земли.

Достижение партии состоит в том, что нам удалось организовать этот коренной перелом в недрах самого крестьянства и повести за собой широкие массы бедноты и середняков, несмотря на неимоверные трудности, несмотря на отчаянное противодействие всех и всяких темных сил, от кулаков и попов до филистеров и правых оппортунистов. Вот некоторые цифры.

В 1928 году посевная площадь совхозов составляла 1425 тыс. гектаров с товарной продукцией зерновых более 6 млн. центнеров (более 36 млн. пудов), а посевная площадь колхозов составляла 1390 тыс. гектаров с товарной продукцией зерновых около $3^1/_2$ млн. центнеров (более 20 млн. пудов).

В 1929 году посевная площадь совхозов составляла 1816 тыс. гектаров с товарной продукцией зерновых около 8 млн. центнеров (около 47 млн. пудов), а посевная площадь колхозов составляла 4262 тыс. гектаров с товарной продукцией зерновых около 13 млн. центнеров (около 78 млн. пудов).

В наступающем 1930 году посевная площадь совхозов, вероятно, составит по контрольным цифрам 3280 тыс. гектаров с 18 млн. центнеров товарной продукции зерновых (около 110 млн. пудов), а посевная площадь колхозов безусловно составит 15 млн. гектаров с товарной продукцией зерновых около 49 млн. центнеров (около 300 млн. пудов).

Иначе говоря, в наступающем 1930 году товарная продукция зерновых в совхозах и колхозах составит свыше 400 млн. пудов, т. е. свыше 50% товарной продукции зерновых всего сельского хозяйства (внедеревенский оборот).

Нужно признать, — что таких бурных темпов развития не знает даже наша социализированная крупная промышленность, темпы развития которой отличаются вообще большим размахом.

Ясно, что наше молодое крупное социалистическое земледелие (колхозное и совхозное) имеет великую будущность, что оно будет проявлять чудеса роста.

Этот небывалый успех в области колхозного строительства объясняется целым рядом причин, из которых следовало бы отметить, по крайней мере, следующие.

Объясняется он, прежде всего, тем, что партия проводила ленинскую политику воспитания маис, последовательно подводя крестьянские массы к колхозам через насаждение кооперативной общественности. Объясняется он тем, что партия вела успешную борьбу как с теми, которые пытались обогнать движение и декретировать развитие колхозов («левые» фразеры), так и с теми, которые пытались тащить назад партию и остаться в хвосте движения (правые головотяпы). Без такой политики партия не смогла бы превратить колхозное движение в действительно массовое движение самих крестьян. «Когда петроградский пролетариат и солдаты петроградского гарнизона брали власть, — говорит Ленив, — они прекрасно знали, что для строительства в деревне встретятся большие затруднения, что здесь надо идти более постепенно, что здесь пытаться вводить декретами, узаконениями общественную обработку земли было бы величайшей нелепостью, что на это могло пойти ничтожное число сознательных, а громадное большинство крестьян этой задачи не ставило. И поэтому мы ограничивались тем, что абсолютно необходимо в интересах развития революции: ни в коем случае не обгонять развития масс, а дожидаться, пока из собственного опыта этих масс, на их собственной борьбы вырастет движение вперед» (т. XXIII, стр. 252).

Если партия одержала крупнейшую победу на фронте колхозного строительства, то это потому, что она в точности выполняла это тактическое указание Ленина.

Объясняется он, этот небывалый успех в деле сельскохозяйственного строительства, во-вторых, тем, что Советская власть правильно учла растущую нужду крестьянства в новом инвентаре, в новой технике, она правильно учла безвыходность положения крестьянства при старых формах обработки земли и, учтя все это, вовремя организовала ему помощь в виде прокатных пунктов, тракторных колонн, машинно-тракторных станций, в виде организации общественной обработки земли в виде насаждения колхозов, наконец, в виде всесторонней помощи крестьянскому хозяйству силами совхозов.

В истории человечества впервые появилась на свете власть, власть Советов, которая доказала на деле свою готовность и свою способность оказывать трудящимся массам крестьянства систематическую и длительную производственную помощь.

Разве не ясно, что трудящиеся массы крестьянства, страдающие исконной нуждой в инвентаре, не могли не уцепиться за эту помощь, став на путь колхозного движения?

И разве можно удивляться тому, что отныне старый лозунг рабочих: «лицом к деревне» будет, пожалуй, дополняться новым лозунгом крестьян-колхозников: «лицом к городу»? Объясняется он, этот небывалый успех в деле колхозного строительства, наконец, тем, что это дело взяли в свои руки передовые рабочие нашей страны. Я имею в виду рабочие бригады, десятками и сотнями рассеянные в основных районах нашей страны. Надо признать, что из всех существующих и возможных пропагандистов колхозного движения рабочие-пропагандисты являются лучшими пропагандистами среди крестьянских масс. Что же может быть удивительного в том, что рабочим удалось убедить крестьян в преимуществе крупного коллективного хозяйства перед индивидуальным мелким хозяйством, тем более, что существующие колхозы и совхозы являются наглядным примером, демонстрирующим это преимущество?

Вот на какой почве выросло наше достижение а области колхозного строительства, достижение, являющееся, по-моему, важнейшим и решающим достижением из всех достижений последних лет.

Рухнули и рассеялись в прах возражения «науки» против возможности и целесообразности организации крупных зерновых фабрик в 40–50 тысяч гектаров. Практика опровергла возражения «науки», показав лишний раз, что не только практика должна учиться у «науки», но и «науке» не мешало бы поучиться у практики.

В капиталистических странах не прививаются крупные зерновые фабрики-гиганты. Но наша страна есть социалистическая страна. Нельзя забывать этой «маленькой» разницы.

Там, у капиталистов, нельзя организовать крупную зерновую фабрику, не закупив целый ряд земельных участков или не платя абсолютной земельной ренты, что не может не обременять производство колоссальными расходами, ибо там существует частная собственность на землю. У нас, наоборот, не существует ни абсолютной земельной ренты, ни купли-продажи земельных участков, что не может не создавать благоприятных условий для развития крупного зернового хозяйства, ибо у нас нет частной собственности на землю.

Там, у капиталистов, крупные зерновые хозяйства имеют своей целью получение максимума прибыли или, во всяком случае, получение такой прибыли, которая соответствует так называемой средней норме прибыли, без чего, вообще говоря, капитал не имеет интереса ввязываться в дело организации зернового хозяйства. У нас, наоборот, крупные зерновые хозяйства, являющиеся вместе с тем государственными хозяйствами, не нуждаются для своего развития ни в максимуме прибыли, ни в средней норме прибыли, а могут ограничиваться минимумом прибыли, а иногда обходятся и без всякой прибыли, что опять-таки создает благоприятные условия для развития крупного зернового хозяйства.

Наконец, при капитализме не существует для крупных зерновых хозяйств ни особых льготных кредитов, ни особых льготных налогов, тогда как при советских порядках, рассчитанных на поддержку социалистического сектора, такие льготы существуют и будут существовать. Обо всем этом забыла достопочтенная «наука». Рухнули и рассеялись в прах утверждения правых оппортунистов (группа Бухарина) насчет того, что: а) крестьяне не пойдут в колхоз, б) усиленный темп развития колхозов может вызвать лишь массовое недовольство и размычку крестьянства с рабочим классом, в) «столбовой дорогой» социалистического развития в деревне являются не колхозы, а кооперация, г) развитие колхозов и наступление на капиталистические элементы деревни может оставить страну без хлеба.

Все это рухнуло и рассеялось в прах, как старый буржуазно-либеральный хлам.

Во-первых, крестьяне пошли в колхозы, пошли целыми деревнями, волостями, районами.

Во-вторых, массовое колхозное движение не ослабляет, а укрепляет смычку, давая ей новую, производственную базу. Теперь даже слепые видят, что если и есть какое-либо серьезное недовольство у основных масс крестьянства, то оно касается не колхозной политики Советской власти, а того, что Советская власть не может угнаться за ростом колхозного движения в деле снабжения крестьян машинами и тракторами.

В-третьих, спор о «столбовой дороге» социалистического развития деревни есть спор схоластический, достойный молодых мелкобуржуазных либералов типа Айхенвальда и Слепкова. Ясно, что пока не было массового колхозного движения, «столбовой дорогой» являлись низшие формы кооперации, снабженческая и сбытовая кооперация, а когда выступила на сцену высшая форма кооперации, ее колхозная форма, последняя стала «столбовой дорогой» развития.

Говоря без кавычек, столбовую дорогу социалистического развития деревни составляет кооперативный план Ленина, охватывающий все формы сельскохозяйственной кооперации, от низших (снабженческо-сбытовая) до высших (производственно-колхозная). Противопоставлять колхозы кооперации значит издеваться над ленинизмом и расписаться в своем собственном невежестве.

В-четвертых, теперь даже слепые видят, что без наступления на капиталистические элементы деревни и без развития колхозного и совхозного движения мы не имели бы теперь ни решающих успехов в деле хлебозаготовок, одержанных в текущем году, ни тех десятков миллионов пудов неприкосновенных хлебных запасов, которые уже накопились в руках государства. Более того, можно с уверенностью сказать, что благодаря росту колхозно-совхозного движения мы окончательно выходим или уже вышли из хлебного кризиса.

И если развитие колхозов и совхозов пойдет усиленным темпом, то нет оснований сомневаться в том, что наша страна через каких-нибудь три года станет одной из самых хлебных стран, если не самой хлебной страной в мире.

В чем состоит новое в нынешнем колхозном движении? Новое и решающее в нынешнем колхозном движении состоит в том, что в колхозы идут крестьяне не отдельными группами, как это имело место раньше, а целыми селами, волостями, районами, даже округами.

А что это значит? Это значит, что в колхозы пошел середняк. В этом основа того коренного перелома в развитии сельского хозяйства, который составляет важнейшее достижение Советской власти за истекший год. Рушится и разбивается вдребезги меньшевистская «концепция» троцкизма насчет неспособности рабочего класса повести за собой основные массы крестьянства в деле социалистического строительства. Теперь даже слепые видят, что середняк повернул в сторону колхозов. Теперь ясно для всех, что пятилетка промышленности и сельского хозяйства есть пятилетка построения социалистического общества, что люди, не верящие в возможность построения социализма в нашей стране, не имеют права приветствовать нашу пятилетку.

Рушится и превращается в прах последняя надежда капиталистов всех стран, мечтающих о восстановлении капитализма в СССР, — «священный принцип частной собственности». Крестьяне, рассматриваемые ими как материал, унаваживающий почву для капитализма, массами покидают хваленое знамя «частной собственности» и переходят на рельсы коллективизма, на рельсы социализма. Рушится последняя надежда на восстановление капитализма. Этим, между прочим, и объясняются отчаянные попытки капиталистических элементов нашей страны поднять против наступающего социализма все силы старого мира, попытки, приводящие к обострению борьбы классов. Не хочет капитал «врастать» в социализм.

Этим же надо объяснить тот злобный вой против большевизма, который подняли в последнее время цепные собаки капитала, всякие там Струве и Гессены, Милюковы и Керенские, Даны и Абрамовичи. Шутка ли сказать: исчезает последняя надежда на восстановление капитализма.

О чем еще могут свидетельствовать это бешеное озлобление классовых врагов и этот неистовый вой лакеев капитала, как не о том, что партия действительно одержала решающую победу на самом трудном фронте социалистического строительства? «Лишь в том случае, — говорит Ленин, — если удастся на деле показать крестьянам преимущества общественной, коллективной, товарищеской, артельной обработки земли, лишь, если удастся помочь крестьянину, при помощи товарищеского, артельного хозяйства, тогда только рабочий класс, держащий в своих руках государственную власть, действительно докажет крестьянину свою правоту, действительно привлечет на свою сторону прочно и настоящим образом многомиллионную крестьянскую массу» (т. XXIV, стр. 579).

Так ставит Ленин вопрос о путях привлечения многомиллионного крестьянства на сторону рабочего класса, о путях перевода крестьянства на рельсы колхозного строительства.

Истекший год показал, что партия с успехом справляется с этой задачей, решительно преодолевая все и всякие трудности на этом пути.

«Среднее крестьянство, — говорит Ленин, — в коммунистическом обществе только тогда будет на нашей стороне, когда мы облегчим и улучшим экономические условия его жизни. Если бы мы могли дать завтра 100 тысяч первоклассных тракторов, снабдить их бензином, снабдить их машинистами (вы прекрасно знаете, что пока это — фантазия), то средний крестьянин сказал бы, «я за коммунию» (т. е. за коммунизм). Но для того, чтобы это сделать, надо сначала победить международную буржуазию, надо заставить ее дать нам эти тракторы, или же надо поднять нашу производительность настолько, чтобы мы сами могли их доставить. Только так будет верно поставлен этот вопрос» (т. XXIV, стр. 170).

Так ставит Ленин вопрос о путях технического перевооружения середняка, о путях его привлечения на сторону коммунизма.

Истекший год показал, что партия с успехом справляется и с этой задачей. Известно, что к весне наступающего 1930 года мы будем иметь на полях более 60 тыс. тракторов, через год после этого — свыше 100 тыс. тракторов, а спустя еще два года — более 250 тыс. тракторов. То, что считалось несколько лет назад «фантазией», мы имеем теперь возможность превратить с лихвой в действительность.

Вот где причина того, что середняк повернул в сторону «коммунии». Так обстоит дело с третьим достижением партии. Таковы основные достижения партии за истекший год.

ВЫВОДЫ:

Мы идем на всех парах по пути индустриализации — к социализму, оставляя позади нашу вековую «рассейскую» отсталость. Мы становимся страной металлической, страной автомобилизации, страной тракторизации.

И когда посадим СССР на автомобиль, а мужика на трактор, — пусть попробуют догонять нас почтенные капиталисты, кичащиеся своей «цивилизацией». Мы еще посмотрим, какие из стран можно будет тогда «определить» в отсталые и какие в передовые.

3 ноября 1929 г.

ВЫСТУПЛЕНИЕ ПО РАДИО
3 июля 1941 года

Товарищи! Граждане! Братья и сестры!

Бойцы нашей армии и флота!

К вам обращаюсь я, друзья мои!

Вероломное военное нападение гитлеровской Германии на нашу Родину, начатое 22 июня, продолжается. Несмотря на героическое сопротивление Красной Армии, несмотря на то, что лучшие дивизии врага и лучшие части его авиации уже разбиты и нашли себе могилу на полях сражения, враг продолжает лезть вперед, бросая на фронт новые силы. Гитлеровским войскам удалось захватить Литву, значительную часть Латвии, западную часть Белоруссии, часть Западной Украины. Фашистская авиация расширяет районы действия своих бомбардировщиков, подвергая бомбардировкам Мурманск, Оршу, Могилев, Смоленск, Киев, Одессу, Севастополь. Над нашей Родиной нависла серьезная опасность.

Как могло случиться, что наша славная Красная Армия сдала фашистским войскам ряд наших городов и районов? Неужели немецко-фашистские войска в самом деле являются непобедимыми войсками, как об этом трубят неустанно фашистские хвастливые пропагандисты?

Конечно, нет! История показывает, что непобедимых армий нет и не бывало. Армию Наполеона считали непобедимой, но она была разбита попеременно русскими, английскими, немецкими войсками. Немецкую армию Вильгельма в период первой империалистической войны тоже считали непобедимой армией, но она несколько раз терпела поражения от русских и англо-французских войск и, наконец, была разбита англо-французскими войсками. То же самое нужно сказать о нынешней немецко-фашистской армии Гитлера. Эта армия не встречала еще серьезного сопротивления на континенте Европы. Только на нашей территории встретила она серьезное сопротивление. И если в результате этого сопротивления лучшие дивизии немецко-фашистской армии оказались разбитыми нашей Красной Армией, то это значит, что гитлеровская фашистская армия так же может быть разбита и будет разбита, как были разбиты армии Наполеона и Вильгельма.

Что касается того, что часть нашей территории оказалась все же захваченной немецко-фашистскими войсками, то это объясняется главным образом тем, что война фашистской Германии против СССР началась при выгодных условиях для немецких войск и невыгодных — для советских войск. Дело в том, что войска Германии как страны, ведущей войну, были уже целиком отмобилизованы и 170 дивизий, брошенных Германией против СССР и придвинутых к границам СССР, находились в состоянии полной готовности, ожидая лишь сигнала для выступления, тогда как советским войскам нужно было еще отмобилизоваться и придвинуться к границам. Немалое значение имело здесь и то обстоятельство, что фашистская Германия неожиданно и вероломно нарушила пакт о ненападении, заключенный в 1939 году между ней и СССР, не считаясь с тем, что она будет признана всем миром стороной нападающей. Понятно, что наша миролюбивая страна, не желая брать на себя инициативу нарушения пакта, не могла стать на путь вероломства.

Могут спросить: как могло случиться, что Советское правительство пошло на заключение пакта о ненападении с такими вероломными людьми и извергами, как Гитлер и Риббентроп? Не была ли здесь допущена со стороны Советского правительства ошибка? Конечно, нет! Пакт о ненападении есть пакт о мире между двумя государствами. Именно такой пакт предложила нам Германия в 1939 году. Могло ли Советское правительство отказаться от такого предложения? Я думаю, что ни одно миролюбивое государство не может отказаться от мирного соглашения с соседней державой, если во главе этой державы стоят даже такие изверги и людоеды, как Гитлер и Риббентроп. И это, конечно, при одном непременном условии — если мирное соглашение не задевает ни прямо, ни косвенно территориальной целостности, независимости и чести миролюбивого государства. Как известно, пакт о ненападении между Германией и СССР является именно таким пактом.

Что выиграли мы, заключив с Германией пакт о ненападении? Мы обеспечили нашей стране мир в течение полутора годов и возможность подготовки своих сил для отпора, если фашистская Германия рискнула бы напасть на нашу страну вопреки пакту. Это определенный выигрыш для нас и проигрыш для фашистской Германии.

Что выиграла и проиграла фашистская Германия, вероломно разорвав пакт и совершив нападение на СССР? Она добилась этим некоторого выигрышного положения для своих войск в течение короткого срока, но она проиграла политически, разоблачив себя в глазах всего мира как кровавого агрессора. Не может быть сомнения, что этот непродолжительный военный выигрыш для Германии является лишь эпизодом, а громадный политический выигрыш для СССР является серьезным и длительным фактором, на основе которого должны развернуться решительные военные успехи Красной Армии в войне с фашистской Германией.

Вот почему вся наша доблестная армия, весь наш доблестный военно-морской флот, все наши летчики-соколы, все народы нашей страны, все лучшие люди Европы, Америки и Азии, наконец, все лучшие люди Германии клеймят вероломные действия германских фашистов и сочувственно относятся к Советскому правительству, одобряют поведение Советского правительства и видят, что наше дело правое, что враг будет разбит, что мы должны победить.

В силу навязанной нам войны наша страна вступила в смертельную схватку со своим злейшим и коварным врагом — германским фашизмом. Наши войска героически сражаются с врагом, вооруженным до зубов танками и авиацией. Красная Армия и Красный Флот, преодолевая многочисленные трудности, самоотверженно бьются за каждую пядь Советской земли. В бой вступают главные силы Красной Армии, вооруженные тысячами танков и самолетов. Храбрость воинов Красной Армии беспримерна. Наш отпор врагу крепнет и растет. Вместе с Красной Армией на защиту Родины подымается весь советский народ.

Что требуется для того, чтобы ликвидировать опасность, нависшую над нашей Родиной, и какие меры нужно принять для того, чтобы разгромить врага?

Прежде всего необходимо, чтобы наши люди, советские люди, поняли всю глубину опасности, которая угрожает нашей стране, и отрешились от благодушия, от беспечности, от настроений мирного строительства, вполне понятных в довоенное время, но пагубных в настоящее время, когда война коренным образом изменила положение. Враг жесток и неумолим. Он ставит своей целью захват наших земель, политых нашим потом, захват нашего хлеба и нашей нефти, добытых нашим трудом. Он ставит своей целью восстановление власти помещиков, восстановление царизма, разрушение национальной культуры и национальной государственности русских, украинцев, белорусов, литовцев, латышей, эстонцев, узбеков, татар, молдаван, грузин, армян, азербайджанцев и других свободных народов Советского Союза, их онемечение, их превращение в рабов немецких князей и баронов. Дело идет, таким образом, о жизни и смерти Советского государства, о жизни и смерти народов СССР, о том — быть народам Советского Союза свободными или впасть в порабощение. Нужно, чтобы советские люди поняли это и перестали быть беззаботными, чтобы они мобилизовали себя и перестроили всю свою работу на новый, военный лад, не знающий пощады врагу.

Необходимо, далее, чтобы в наших рядах не было места нытикам и трусам, паникерам и дезертирам, чтобы наши люди не знали страха в борьбе и самоотверженно шли на нашу Отечественную освободительную войну против фашистских поработителей. Великий Ленин, создавший наше государство, говорил, что основным качеством советских людей должны быть храбрость, отвага, незнание страха в борьбе, готовность биться вместе с народом против врагов нашей Родины. Необходимо, чтобы это великолепное качество большевика стало достоянием миллионов и миллионов Красной Армии, нашего Красного Флота и всех народов Советского Союза.

Мы должны немедленно перестроить всю нашу работу на военный лад, все подчинив интересам фронта и задачам организации разгрома врага. Народы Советского Союза видят теперь, что германский фашизм неукротим в своей бешеной злобе и ненависти к нашей Родине, обеспечившей всем трудящимся свободный труд и благосостояние. Народы Советского Союза должны подняться на защиту своих прав, своей земли против врага. Красная Армия, Красный Флот и все граждане Советского Союза должны отстаивать каждую пядь Советской земли, драться до последней капли крови за наши города и села, проявлять смелость, инициативу и сметку, свойственные нашему народу.

Мы должны организовать всестороннюю помощь Красной Армии, обеспечить усиленное пополнение ее рядов, обеспечить ее снабжение всем необходимым, организовать быстрое продвижение транспортов с войсками и военными грузами, широкую помощь раненым.

Мы должны укрепить тыл Красной Армии, подчинив интересам этого дела всю свою работу, обеспечить усиленную работу всех предприятий, производить больше винтовок, пулеметов, орудий, патронов, снарядов, самолетов, организовать охрану заводов, электростанций, телефонной и телеграфной связи, наладить местную противовоздушную оборону. Мы должны организовать беспощадную борьбу со всякими дезорганизаторами тыла, дезертирами, паникерами, распространителями слухов, уничтожать шпионов, диверсантов, вражеских парашютистов, оказывая во всем этом быстрое содействие нашим истребительным батальонам. Нужно иметь в виду, что враг коварен, хитер, опытен в обмане и распространении ложных слухов. Нужно учитывать все это и не поддаваться на провокации. Нужно немедленно предавать суду военного трибунала всех тех, кто своим паникерством и трусостью мешают делу обороны, не взирая на лица. При вынужденном отходе частей Красной Армии нужно угонять весь подвижной железнодорожный состав, не оставлять врагу ни одного паровоза, ни одного вагона, не оставлять противнику ни одного килограмма хлеба, ни литра горючего. Колхозники должны угонять весь скот, хлеб сдавать под сохранность государственным органам для вывозки его в тыловые районы.

Все ценное имущество, в том числе цветные металлы, хлеб и горючее, которое не может быть вывезено, должно безусловно уничтожаться.

В занятых врагом районах нужно создавать партизанские отряды, конные и пешие, создавать диверсионные группы для борьбы с частями вражеской армии, для разжигания партизанской войны всюду и везде, для взрыва мостов, дорог, порчи телефонной и телеграфной связи, поджогов лесов, складов, обозов. В захваченных районах создавать невыносимые условия для врага и всех его пособников, преследовать и уничтожать их на каждом шагу, срывать все их мероприятия.

Войну с фашистской Германией нельзя считать войной обычной. Она является не только войной между двумя армиями. Она является вместе с тем великой войной всего советского народа против немецко-фашистских войск. Целью этой всенародной Отечественной войны против фашистских угнетателей является не только ликвидация опасности, нависшей над нашей страной, но и помощь всем народам Европы, стонущим под игом германского фашизма. В этой освободительной войне мы не будем одинокими. В этой великой войне мы будем иметь верных союзников в лице народов Европы и Америки, в том числе в лице германского народа, порабощенного гитлеровскими заправилами. Наша война за свободу нашего Отечества сольется с борьбой народов Европы и Америки за их независимость, за демократические свободы. Это будет единый фронт народов, стоящих за свободу, против порабощения и угрозы порабощения со стороны фашистских армий Гитлера. В этой связи историческое выступление премьера Великобритании господина Черчилля о помощи Советскому Союзу и декларация правительства США о готовности оказать помощь нашей стране, которые могут вызвать лишь чувство благодарности в сердцах народов Советского Союза, являются вполне понятными и показательными.

Товарищи! Наши силы неисчислимы. Зазнавшийся враг должен будет скоро убедиться в этом. Вместе с Красной

Армией поднимаются многие тысячи рабочих, колхозников, интеллигенции на войну с напавшим врагом. Поднимутся миллионные массы нашего народа. Трудящиеся Москвы и Ленинграда уже приступили к созданию многотысячного народного ополчения на поддержку Красной Армии. В каждом городе, которому угрожает опасность нашествия врага, мы должны создать такое народное ополчение, поднять на борьбу всех трудящихся, чтобы своей грудью защищать свою свободу, свою честь, свою Родину в нашей Отечественной войне с германским фашизмом.

В целях быстрой мобилизации всех сил народов СССР, для проведения отпора врагу, вероломно напавшему на нашу Родину, создан Государственный Комитет Обороны, в руках которого теперь сосредоточена вся полнота власти в государстве. Государственный Комитет Обороны приступил к своей работе и призывает весь народ сплотиться вокруг партии Ленина–Сталина, вокруг Советского правительства для самоотверженной поддержки Красной Армии и Красного Флота, для разгрома врага, для победы.

Все наши силы — на поддержку нашей героической Красной Армии, нашего славного Красного Флота!

Все силы народа — на разгром врага!

Вперед, за нашу победу!

ВЫСТУПЛЕНИЕ ПО РАДИО*
9 мая 1945 года

Товарищи! Соотечественники и соотечественницы!

Наступил великий день победы над Германией. Фашистская Германия, поставленная на колени Красной Армией и войсками наших союзников, признала себя побежденной и объявила безоговорочную капитуляцию. 7 мая был подписан в городе Реймсе предварительный протокол капитуляции. 8 мая представители немецкого главнокоман-

* Правда, 10 мая 1945 года.

дования в присутствии представителей Верховного Командования союзных войск и Верховного Главнокомандования советских войск подписали в Берлине окончательный акт капитуляции, исполнение которого началось с 24 часов 8 мая. Зная волчью повадку немецких заправил, считающих договора и соглашения пустой бумажкой, мы не имеем основания верить им на слово. Однако сегодня с утра немецкие войска во исполнение акта капитуляции стали в массовом порядке складывать оружие и сдаваться в плен нашим войскам. Это уже не пустая бумажка. Это – действительная капитуляция вооруженных сил Германии. Правда, одна группа немецких войск в районе Чехословакии все еще уклоняется от капитуляции. Но я надеюсь, что Красной Армии удастся привести ее в чувство. Теперь мы можем с полным основанием заявить, что наступил исторический день окончательного разгрома Германии, день великой победы нашего народа над германским империализмом. Великие жертвы, принесенные нами во имя свободы и независимости нашей Родины, неисчислимые лишения и страдания, пережитые нашим народом в ходе войны, напряженный труд в тылу и на фронте, отданный на алтарь Отечества, не прошли даром и увенчались полной победой над врагом. Вековая борьба славянских народов за свое существование и свою независимость окончилась победой над немецкими захватчиками и немецкой тиранией.

Отныне над Европой будет развеваться великое знамя свободы народов и мира между народами.

Три года назад Гитлер всенародно заявил, что в его задачи входит расчленение Советского Союза и отрыв от него Кавказа, Украины, Белоруссии, Прибалтики и других областей. Он прямо заявил: «Мы уничтожим Россию, чтобы она больше никогда не смогла подняться». Это было три года назад Но сумасбродным идеям Гитлера не суждено было сбыться – ход войны развеял их в прах. На деле получилось нечто прямо противоположное тому, о чем бредили гитлеровцы Германия разбита наголову. Германские войска капитулируют. Советский Союз торжествует победу, хотя он и не собирается ни расчленять, ни уничтожать Германию.

Товарищи! Великая Отечественная война завершилась нашей полной победой. Период войны в Европе кончился, начался период мирного развития

С победой вас, мои дорогие соотечественники и соотечественницы'

Слава нашей героической Красной Армии, отстоявшей независимость нашей Родины и завоевавшей победу над врагом!

Слава нашему великому народу, народу-победителю!

Вечная слава героям, павшим в боях с врагом и отдавшим свою жизнь за свободу и счастье нашего народа!

ГРУППА БУХАРИНА И ПРАВЫЙ УКЛОН В НАШЕЙ ПАРТИИ*

Товарищи! Как это ни печально, приходится констатировать факт образования в нашей партии особой группы Бухарина в составе Бухарина, Томского, Рыкова. О существовании этой группы раньше ничего не было известно партии,— бухаринцы тщательно скрывали от партии факт существования такой группы. Но теперь это стало известным и очевидным. Эта группа, как видно из ее заявления, имеет свою особую платформу, которую противопоставляет политике партии. Она требует, во-первых,— вопреки существующей политике партии — снижения темпа развития нашей индустрии, уверяя, что нынешний темп развития индустрии является «гибельным». Она требует, во-вторых,— тоже вопреки политике партии — свертывания строительства совхозов и колхозов, утверждая, что колхозы и совхозы не играют и не могут играть серьезной роли в развитии нашего сельского хозяйства. Она требует, в-третьих, — тоже

* Краткая запись из выступлений на объединенном заседании Политбюро ЦК и Президиума ЦКК ВКП(б) в конце января и в начале февраля 1929 г.

вопреки политике партии — установления полной свободы частной торговли и отказа от регулирующей роли государства в области торговли, утверждая, что регулирующая роль государства делает невозможным развитие торговли. Иначе говоря, группа Бухарина является правоуклонистской, капитулянтской группой, ратующей не за ликвидацию капиталистических элементов города и деревни, а за их свободное развитие. Одновременно группа Бухарина выступает против чрезвычайных мер в отношении кулачества и «чрезмерного» обложения кулаков налогами, бесцеремонно обвиняя партию в том, что она, применяя эти меры, якобы ведет по сути дела политику «военно-феодальной эксплуатации крестьянства». Это смехотворное обвинение понадобилось Бухарину для того, чтобы взять под свою защиту кулаков, смешав при этом и свалив в одну кучу трудовое крестьянство и кулачество. Группа Бухарина требует, чтобы партия коренным образом изменила свою политику в духе платформы этой группы. Она заявляет далее, что если политика партии не будет изменена, то Бухарин, Рыков, Томский уйдут в отставку.

Таковы факты, установленные в ходе прений на настоящем объединенном заседании Политбюро ЦК и Президиума ЦКК.

Установлено, кроме того, что Бухарин по поручению группы вел закулисные переговоры с Каменевым для организации блока бухаринцев с троцкистами против партии и ее ЦК. Очевидно, что, не рассчитывая на победу своей платформы в ЦК нашей партии, бухаринцы считали нужным организовать такой блок за спиной ЦК партии.

Были ли у нас раньше разногласия? Да, были. Первая вспышка разногласий обнаружилась у нас перед июльским пленумом ЦК (1928 г.). Разногласия касались тех же вопросов: о темпе развития индустрии, о совхозах и колхозах, о полной свободе частной торговли, о чрезвычайных мерах против кулачества. Однако дело на пленуме окончилось тогда принятием единой и общей резолюции по всем этим вопросам. Мы все считали тогда, что Бухарин и его сторонники отказались от своих ошибок, и разногласия покрыты принятием общей резолюции. На этой почве и возникло известное заявление, подписанное всеми членами Политбюро (в июле 1928 г.), о единстве Политбюро и отсутствии в нем разногласий.

Вторая вспышка разногласий обнаружилась у нас перед ноябрьским пленумом ЦК. Статья Бухарина «Заметки экономиста» явным образом говорила о том, что в Политбюро не все обстоит благополучно, что, во всяком случае, один из членов Политбюро пытается пересмотреть или «поправить» линию ЦК. Для нас, для большинства членов Политбюро, во всяком случае не подлежало сомнению, что «Заметки экономиста» являются антипартийной эклектической статьей, рассчитанной на замедление темпа развития индустрии и изменение нашей политики в деревне в духе известного письма Фрумкина. К этому надо добавить вопрос об отставке Рыкова, Бухарина и Томского. Дело в том, что Рыков, Бухарин и Томский пришли тогда в комиссию по составлению резолюции о контрольных цифрах и заявили, что они подают в отставку. Однако в ходе работ комиссии по контрольным цифрам все разногласия были исчерпаны так или иначе: нынешний темп развития индустрии был сохранен, дальнейшее развертывание совхозно-колхозного строительства было одобрено, максимальное обложение кулаков было сохранено, регулирующая роль государства в области торговли была также сохранена, смехотворные обвинения партии в политике «военно-феодальной эксплуатации крестьянства» были отвергнуты при общем хохоте членов комиссии, отставка трех была взята обратно. В результате — общая резолюция о контрольных цифрах, принятая всеми членами Политбюро. В результате — известное решение Политбюро о том, чтобы все члены Политбюро декларировали как на ноябрьском пленуме ЦК, так и вне его, единство и отсутствие разногласий внутри Политбюро.

Могли ли мы знать тогда, что Бухарин, Рыков и Томский голосуют за единую резолюцию лишь для вида, что они оставляют при себе свои особые пункты разногласий с партией, что Бухарин и Томский будут проводить на деле фактический отказ от работы в ВЦСПС, в Коминтерне, в «Правде», что в архиве Каменева имеется некая «запись», из которой ясно, что мы имеем внутри ЦК особую группу со своей платформой, пытающуюся сблокироваться с троцкистами против партии? Ясно, что не могли знать.

Теперь ясно для всех, что разногласия существуют и разногласия серьезные. Видно, что лавры Фрумкина не дают спать Бухарину. Ленин был тысячу раз прав, когда он писал Шляпникову еще в 1916 году, что Бухарин «дьявольски не устойчив в политике». Теперь эта неустойчивость передалась от Бухарина членам его группы.

Основная беда бухаринцев состоит в том, что у них имеется вера, убеждение в деле облегчения и развязывания кулака, как средство разрешения наших хлебных и всяких иных затруднений. Они думают, что ежели облегчим кулака, не будем ограничивать его эксплуататорских тенденций, дадим ему волю и т.д., то затруднения будут уничтожены и политическое состояние страны будет улучшено. Нечего и говорить, что эта наивная вера бухаринцев в спасительную роль кулака представляет такую смехотворную бессмыслицу, которую не стоит даже критиковать. Беда бухаринцев состоит в том, что они не понимают механики классовой борьбы, не понимают, что кулак есть заклятый враг трудящихся, заклятый враг всего нашего строя. Они не понимают, что политика облегчения и развязывания кулака означает ухудшение всего политического состояния нашей страны, поднятие шансов капиталистических элементов в стране, потерю нами деревенской бедноты, деморализацию середняка, разрыв с рабочим классом нашей страны. Они не понимают, что никакое развязывание кулака не способно облегчить наши хлебные затруднения, ибо кулак все равно добровольно не даст хлеба при наличии политики заготовительных цен и регулирования хлебного рынка органами государства, а отказаться от политики государственного регулирования торговли мы не можем, если не хотим подорвать Советский строй, диктатуру пролетариата. Беда бухаринцев состоит в том, что они не понимают этих простых и элементарных вещей. Я уже не говорю о том, что политика развязывания капиталистических элементов абсолютно несовместима ни теоретически, ни политически с основами ленинской политики и ленинизма.

Всё это хорошо, могут сказать товарищи, ну а выход какой, что нужно предпринять в связи с появлением на сцене группы Бухарина? Насчет выхода из создавшегося положения большинство товарищей уже высказалось.

Большинство товарищей требует, чтобы собрание проявило твердость и решительно отклонило отставку Бухарина и Томского (Рыков уже взял обратно свою отставку). Большинство товарищей требует, чтобы объединенное заседание Политбюро ЦК и Президиума ЦКК осудило правооппортунистическую, капитулянтскую платформу Бухарина, Томского и Рыкова, чтобы оно осудило попытку Бухарина и его группы сколотить антипартийный блок с троцкистами. Я целиком присоединяюсь к этим предложениям. Бухаринцы не согласны с таким решением. Они хотели бы, чтобы им была обеспечена свобода фракционных группировок – вопреки уставу партии. Они хотели бы, чтобы им была обеспечена свобода нарушать решения партии и ЦК – вопреки кровным интересам партии. Спрашивается – на каком основании? У них выходит так: если решения ЦК не выполняются рядовыми членами партии, их надо наказать со всей строгостью партийной законности; если же решения ЦК нарушаются так называемыми лидерами, скажем, членами Политбюро, то их нельзя не только наказывать, но и простой критике подвергать, ибо критика в этом случае расценивается ими как «проработка». Понятно, что партия не может стать на эту фальшивую точку зрения. Если мы провозгласим одни законы для лидеров, а другие для «простого народа» в партии, то у нас не останется ничего ни от партии, ни от партийной дисциплины. Жалуются на «проработку». Но эти жалобы белыми нитками шиты. Если Бухарин имеет право писать несуразную антипартийную статью вроде «Заметок экономиста», то члены партии тем более имеют право критиковать такую статью. Если Бухарин и Томский дают себе право нарушать постановление ЦК, упорно отказываясь работать на порученных им постах, то члены партии тем более имеют право критиковать подобное их поведение. Если это называется «проработкой», то пусть объяснят нам, как они понимают тогда лозунг самокритики, внутрипартийной демократии и т.д. Говорят, что Ленин наверняка поступил бы мягче, чем поступает теперь ЦК в отношении Томского и Бухарина. Это совершенно верно. Сейчас дело обстоит так, что два члена Политбюро систематически нарушают решения ЦК, упорно отказываясь остаться на тех постах, которые им предоставлены партией, а ЦК партии, вместо того, чтобы наказать их, вот уже два месяца уговаривает их остаться на своих постах. А как поступал Ленин в таких случаях, — припомните-ка. Разве не помните, что товарищ Ленин из-за одной малюсенькой ошибки со стороны Томского угнал его в Туркестан. Томский. При благосклонном содействии Зиновьева и отчасти твоем.

Сталин. Если хочешь сказать, что Ленина можно было убедить в чем-нибудь, в чем он сам не был убежден, то это может вызвать лишь смех... припомните-ка другой факт, например, насчет Шляпникова, которого Ленин предлагал исключить из состава ЦК за то, что он в ячейке ВСНХ критиковал какой-то проект постановления ВСНХ.

Кто может отрицать, что нынешние преступления Бухарина и Томского, грубо нарушающих постановления ЦК и явным образом формирующих новую оппортунистическую платформу против партии, во много раз хуже, чем проступок Томского и Шляпникова в указанном выше случае? А между тем ЦК не только не требует вывода кого-либо из них из ЦК или откомандирования куда-либо в Туркестан, а ограничивается попытками убедить их остаться на своих постах, разоблачая, конечно, попутно их непартийные, а порой прямо антипартийные установки. Какая еще нужна нам мягкость? Не вернее ли будет сказать, что мы, большинство ЦК. ведем себя в отношении бухаринцев слишком либерально и терпимо, что мы тем самым, может быть, поощряем невольно их фракционную антипартийную «работу»? Не пришло ли время положить конец этому либерализму? Я предлагаю одобрить предложение большинства членов настоящего собрания и перейти к очередным делам.

ДЕКЛАРАЦИЯ ОБ ОБРАЗОВАНИИ СОЮЗА СОВЕТСКИХ СОЦИАЛИСТИЧЕСКИХ РЕСПУБЛИК

Со времени образования советских республик государства мира раскололись на два лагеря: лагерь капитализма и лагерь социализма.

Там, в лагере капитализма,— национальная вражда и неравенство, колониальное рабство и шовинизм, национальное угнетение и погромы, империалистические зверства и войны.

Здесь, в лагере социализма,— взаимное доверие и мир, национальная свобода и равенство, мирное сожительство и братское сотрудничество народов.

Попытки капиталистического мира на протяжении десятков лет разрешить вопрос о национальностях путем совмещения свободного развития народов с системой эксплуатации человека человеком оказались бесплодными. Наоборот, клубок национальных противоречий все более запутывается, угрожая самому существованию капитализма. Буржуазия оказалась бессильной наладить сотрудничество народов.

Только в лагере Советов, только в условиях диктатуры пролетариата, сплотившей вокруг себя большинство населения, оказалось возможным уничтожить в корне национальный гнет, создать обстановку взаимного доверия и заложить основы братского сотрудничества народов. Только благодаря этим обстоятельствам удалось советским республикам отбить нападения империалистов всего мира, внутренних и внешних. Только благодаря этим обстоятельствам удалось им успешно ликвидировать гражданскую войну, обеспечить свое существование и приступить к мирному хозяйственному строительству. Но годы войны не прошли бесследно. Разоренные поля, остановившиеся заводы, разрушенные производительные силы и истощенные хозяйственные ресурсы, оставшиеся в наследство от войны, делают недостаточными отдельные усилия отдельных республик по хозяйственному строительству. Восстановление народного хозяйства оказалось невозможным при раздельном существовании республик.

С другой стороны, неустойчивость международного положения и опасность новых нападений делают неизбежным создание единого фронта советских республик перед лицом капиталистического окружения.

Наконец, само строение Советской власти, интернациональной по своей классовой природе, толкает трудящиеся массы советских республик на путь объединения в одну социалистическую семью.

Все эти обстоятельства повелительно требуют объединения советских республик в одно союзное государство, способное обеспечить и внешнюю безопасность, и внутреннее хозяйственное преуспеяние, и свободу национального развития народов.

Воля народов советских республик, собравшихся недавно на съезды своих Советов и единодушно принявших решение об образовании «Союза Советских Социалистических Республик», служит надежной порукой в том, что Союз этот является добровольным объединением равноправных народов, что за каждой республикой обеспечено право свободного выхода из Союза, что доступ в Союз открыт всем социалистическим советским республикам как существующим, так и имеющим возникнуть в будущем, что новое союзное государство явится достойным увенчанием заложенных еще в октябре 1917 года основ мирного сожительства и братского сотрудничества народов, что оно послужит верным оплотом против мирового капитализма и новым решительным шагом по пути объединения трудящихся всех стран в Мировую Социалистическую Советскую Республику.

Заявляя обо всем этом перед всем миром и торжественно провозглашая незыблемость основ Советской власти, нашедших свое выражение в конституциях уполномочивших нас социалистических советских республик, мы, делегаты этих республик, на основании данных нам полномочий, постановляем подписать договор об образовании «Союза Советских Социалистических Республик».

ЗАМЕЧАНИЯ ПО ПОВОДУ КОНСПЕКТА УЧЕБНИКА ПО ИСТОРИИ СССР*

Группа Ванага не выполнила задания и даже не поняла самого задания. Она составила конспект русской истории, а не истории СССР, то есть истории Руси, но без истории народов, которые вошли в состав СССР (не учтены данные по истории Украины, Белоруссии, Финляндии и других прибалтийских народов, северокавказских и закавказских народов, народов Средней Азии и Дальнего Востока, а также волжских и северных районов, — татары, башкиры, мордва, чуваши и т.д.). В конспекте не подчеркнута аннексионистско-колонизаторская роль русского царизма, вкупе с русской буржуазией и помещиками («царизм — тюрьма народов»). В конспекте не подчеркнута контрреволюционная роль русского царизма во внешней политике со времени Екатерины II до 5-х годов XIX столетия и дальше («царизм как международный жандарм»). В конспекте свалены в одну кучу феодализм и дофеодальный период, когда крестьяне не были еще закрепощены; самодержавный строй государства и строй феодальный, когда Россия была раздроблена на множество самостоятельных полугосударств. В конспекте свалены в одну кучу понятия «реакция» и «контрреволюция», революция «вообще», революция буржуазная и революция буржуазно-демократическая. В конспекте не даны условия и истоки национально-освободительного движения покоренных царизмом народов России, и, таким образом, Октябрьская революция как революция, освободившая эти народы от национального гнета, остается немотивированной, равно как немотивированным остается создание Союза ССР. Конспект изобилует всякого рода затасканными, трафаретными определениями вроде «полицейский террор Николая I», «Разинщина» и «Пугачевщина», «наступление помещичьей контрреволюции в 7-х годах XIX столетия», «первые шаги промышленного переворота», «первые шаги

* Правда, 27 января 1936 года.

царизма и буржуазии в борьбе с революцией 1905–1907 годов» и так дальше. Авторы конспекта слепо копируют затасканные и совершенно ненаучные определения всякого рода буржуазных историков, забывая о том, что они обязаны преподать нашей молодежи марксистские, научно-обоснованные определения. Конспект не отражает роли и влияния западно-европейских буржуазно-революционных и социалистических движений на формирование буржуазного революционного движения и движения пролетарско-социалистического в России. Авторы конспекта, очевидно, забыли, что русские революционеры считали себя учениками и последователями известных корифеев буржуазно-революционной и марксистской мысли на Западе. В конспекте не учтены корни первой империалистической войны и роль царизма в этой войне как резерва для западноевропейских империалистических держав, равно как не учтена зависимая роль как русского царизма, так и русского капитализма от капитала западноевропейского, ввиду чего значение Октябрьской революции как освободительницы России от ее полуколониального положения остается немотивированным. В конспекте не учтено наличие общеевропейского политического кризиса перед мировой войной, выразившегося, между прочим, в упадке буржуазной демократии и парламентаризма, ввиду чего значение Советов с точки зрения мировой истории как носителей пролетарской демократии и органов освобождения рабочих и крестьян от капитализма остается немотивированным. В конспекте не учтена борьба течений в правящей Коммунистической партии СССР и борьба с троцкизмом как с проявлением мелкобуржуазной контрреволюции. И так далее и тому подобное.

Вообще надо сказать, что конспект составлен крайне неряшливо и не совсем грамотно с точки зрения марксизма.

Мы уже не говорим о неточном стиле конспекта и об игре в «словечки» вроде того, что Лжедмитрий назван Дмитрием «Названным», или вроде «торжества старых феодалов в XVIII веке» (неизвестно, однако, куда делись и как себя вели «новые» феодалы, если они вообще существовали в это время) и т.д.

Мы считаем необходимой коренную переработку конспекта в духе изложенных выше положений, при этом должно быть учтено, что речь идет о создании учебника, где должно быть взвешено каждое слово и каждое определение, а не о безответственных журнальных статьях, где можно болтать обо всем и как угодно, отвлекаясь от чувства ответственности.

Нам нужен такой учебник истории СССР, где бы история Великороссии не отрывалась от истории других народов СССР, — это во-первых, — и где бы история народов СССР не отрывалась от истории общеевропейской и вообще мировой истории, — это во-вторых.

8 августа 1934 года

И. Сталин
А. Жданов
С. Киров

К ВОПРОСУ О ПОЛИТИКЕ ЛИКВИДАЦИИ КУЛАЧЕСТВА, КАК КЛАССА*

В № 16 «Красной Звезды», в статье «Ликвидация кулачества, как класса», в общем бесспорно правильной, имеются две неточности в формулировках. Мне кажется, что необходимо исправить эти неточности.

В статье сказано: «В восстановительный период мы проводили политику ограничения капиталистических элементов города и деревни. С началом реконструктивного периода мы перешли от политики ограничения к политике их вытеснения.

Это положение неверно. Политика ограничения капиталистических элементов и политика вытеснения их не представляют две различные политики. Это одна и та же политика. Вытеснение капиталистических элементов деревни есть неизбежный результат и составная часть политики ограничения капиталистических элементов, политики ограничения эк-

* Красная Звезда, № 18, 21 января 1930 г.

сплуататорских тенденций кулачества. Вытеснение капиталистических элементов деревни нельзя приравнивать к вытеснению кулачества, как класса. Вытеснение капиталистических элементов деревни есть вытеснение и преодоление отдельных отрядов кулачества, не выдержавших налогового нажима, не выдержавших системы ограничительных мер Советской власти. Понятно, что политика ограничения эксплуататорских тенденций кулачества, политика ограничения капиталистических элементов деревни не может не вести к вытеснению отдельных отрядов кулачества. Поэтому вытеснение отдельных отрядов кулачества не может быть рассматриваемо иначе, как неизбежный результат и составная часть политики ограничения капиталистических элементов деревни.

Эта политика велась у нас не только в период восстановления, но и в период реконструкции, но и в период после XV съезда (декабрь 1927 г.), но и в период XVI конференции нашей партии (апрель 1929 г.), как и после этой конференции вплоть до лета 1929 года, когда наступила у нас полоса сплошной коллективизации, когда наступил перелом в сторону политики ликвидации кулачества, как класса.

Если рассмотреть важнейшие документы партии, начиная хотя бы с XIV съезда в декабре 1925 года (см. резолюцию по отчету ЦК) и кончая XVI конференцией в апреле 1929 года (см. резолюцию «О путях подъема сельского хозяйства»), то нельзя не заметить, что тезис об «ограничении эксплуататорских тенденций кулачества» или «ограничении роста капитализма в деревне» идет всегда рядом с тезисом о вытеснении капиталистических элементов деревни», о «преодолении капиталистических элементов деревни».

Что это значит?

Это значит, что партия не отделяет вытеснения капиталистических элементов деревни от политики ограничения эксплуататорских тенденций кулачества, от политики ограничения капиталистических элементов деревни. XV съезд партии, как и XVI конференция стоят целиком на базе политики «ограничения эксплуататорских стремлений сельскохозяйственной буржуазии» (резолюция XV съезда «О работе в деревне»), на базе политики «принятия новых мер, ограничивающих развитие капитализма в деревне» (см. там же), на базе политики «решительного ограничения эксплуататорских тенденций кулака» (см. резолюцию XV съезда о пятилетке), на базе политики «наступления на кулака» в смысле «перехода к дальнейшему, более систематическому и настойчивому ограничению кулака и частника» (см. там же), на базе политики «еще более решительного хозяйственного вытеснения» «элементов частнокапиталистического хозяйства» в городе и деревне (см. резолюцию XV съезда по отчету ЦК). Стало быть, а) неправ автор упомянутой статьи, изображая политику ограничения капиталистических элементов и политику их вытеснения, как две различные политики. Факты говорят, что мы имеем здесь дело с одной общей политикой ограничения капитализма, составной частью и результатом которой является вытеснение отдельных отрядов кулачества. Стало быть, б) неправ автор упомянутой статьи, утверждая, что вытеснение капиталистических элементов деревни началось лишь в период реконструкции, в период XV съезда. На самом деле вытеснение имело место и до XV съезда, в период восстановления, и после XV съезда, в период реконструкции. В период XV съезда была лишь усилена политика ограничения эксплуататорских тенденций кулачества новыми добавочным мерами, в связи с чем должно было усилиться и вытеснение отдельных отрядов кулачества.

В статье сказано: «Политика ликвидации кулачества, как класса, целиком вытекает из политики вытеснения капиталистических элементов, являясь продолжением этой политики на новом этапе».

Это положение неточно и потому — неверно. Понятно, что политика ликвидации кулачества, как класса, не могла упасть с неба. Она была подготовлена всем предыдущим периодом ограничения, а значит, и вытеснения капиталистических элементов деревни. Но это еще не значит, что она не отличается коренным образом от политики ограничения (и вытеснения) капиталистических элементов деревни, что она является будто бы продолжением политики ограничения. Говорить так, как говорит наш автор, — значит отрицать наличие перелома в развитии деревни с лета 1929 года. Говорить так — значит отрицать тот факт, что мы проделали за этот период поворот в политике нашей партии в деревне. Говорить так — значит создать некоторое идеологическое укрытие для правых элементов нашей партии, цепляющихся теперь за решения XV съезда против новой политики партии так же, как цеплялся в свое время Фрумкин за решения XIV съезда против политики насаждения колхозов и совхозов.

Из чего исходил XV съезд, провозглашая усиление политики ограничения (и вытеснения) капиталистических элементов деревни? Из того, что, несмотря на это ограничение кулачества, кулачество, как класс, все же должно остаться до поры до времени. На этом основании XV съезд оставил в силе закон об аренде земли, прекрасно зная, что арендаторами в своей массе являются кулаки. На этом основании XV съезд оставил в силе закон о найме труда в деревне, потребовав его точного проведения в жизнь. На этом основании была еще раз провозглашена недопустимость раскулачивания. Противоречат ли эти законы и эти постановления политике ограничения (и вытеснения) капиталистических элементов деревни? Безусловно, нет. Противоречат ли эти законы и эти постановления политике ликвидации кулачества, как класса?

Безусловно, да! Стало быть, эти законы и эти постановления придется теперь отложить в сторону в районах сплошной коллективизации, сфера распространения которой растет не по дням, а по часам. Впрочем, они уже отложены в сторону самим людом колхозного движения в районах сплошной коллективизации.

Можно ли после этого утверждать, что политика ликвидации кулачества, как класса, есть продолжение политики ограничения (и вытеснения) капиталистических элементов деревни? Ясно, что нельзя.

Автор упомянутой статьи забывает, что нельзя вытеснить класс кулачества, как класс, мерами налогового и всякого иного ограничения, оставляя в руках этого класса орудия производства с правом свободного пользования землей и сохраняя в нашей практике закон о найме труда в деревне, закон об аренде, запрещение раскулачивания. Автор забывает, что при политике ограничения эксплуататорских тенденций кулачества можно рассчитывать на вытеснение лишь отдельных отрядов кулачества, что не противоречит, а наоборот, предполагает сохранение до поры до времени кулачества, как класса. Чтобы вытеснить кулачество, как класс, для этого недостаточно политики ограничения и вытеснения отдельных его отрядов. Чтобы вытеснить кулачество, как класс, надо сломить в открытом бою сопротивление этого класса и лишить его производственных источников существования и развития (свободное пользование землей, орудия производства, аренда, право найма труда и т.д.).

Это и есть поворот к политике ликвидации кулачества, как класса. Без этого разговоры о вытеснении кулачества, как класса, есть пустая болтовня, угодная и выгодная лишь правым уклонистам. Без этого немыслима никакая серьезная, а тем более сплошная коллективизация деревни. Это хорошо поняли бедняки и середняки нашей деревни, громящие кулачество и осуществляющие сплошную коллективизацию. Этого не понимают еще, по-видимому, некоторые наши товарищи.

Стало быть, нынешняя политика партии в деревне есть не продолжение старой политики, а поворот от старой политики ограничения (и вытеснения) капиталистических элементов деревни к новой политике ликвидации кулачества, как класса.

ОБРАЩЕНИЕ К НАРОДУ

2 сентября 1945 года*

Товарищи!

Соотечественники и соотечественницы!

Сегодня, 2 сентября, государственные и военные представители Японии подписали акт безоговорочной капитуляции. Разбитая наголову на морях и на суше и окружен-

---

* Правда, 3 сентября 1945 года.

ная со всех сторон вооруженными силами Объединенных Наций, Япония признала себя побежденной и сложила оружие. Два очага мирового фашизма и мировой агрессии образовались накануне нынешней мировой войны: Германия — на Западе и Япония на Востоке. Это они развязали вторую мировую войну Это они поставили человечество и его цивилизацию на край гибели. Очаг мировой агрессии на западе был ликвидирован четыре месяца назад, в результате чего Германия оказалась вынужденной капитулировать. Через четыре месяца после этого был ликвидирован очаг мировой агрессии на востоке, в результате чего Япония, главная союзница Германии, также оказалась вынужденной подписать акт капитуляции.

Это означает, что наступил конец второй мировой войны.

Теперь мы можем сказать, что условия, необходимые для мира во всем мире, уже завоеваны.

Следует отметить, что японские захватчики нанесли ущерб не только нашим союзникам — Китаю, Соединенным Штатам Америки, Великобритании. Они нанесли серьезнейший ущерб также и нашей стране. Поэтому у нас есть еще свой особый счет к Японии.

Свою агрессию против нашей страны Япония начала еще в 1904 году, во время русско-японской войны. Как известно, в феврале 1904 года, когда переговоры между Японией и Россией еще продолжались, Япония, воспользовавшись слабостью царского правительства, неожиданно и вероломно, без объявления войны напала на нашу страну и атаковала русскую эскадру в районе Порт-Артура, чтобы вывести из строя несколько русских военных кораблей и создать тем самым выгодное положение для своего флота. И она действительно вывела из строя три первоклассных военных корабля России. Характерно, что через 37 лет после этого Япония в точности повторила этот вероломный прием в отношении Соединенных Штатов Америки, когда она в 1941 году напала на военно-морскую базу Соединенных Штатов Америки в Пирл-Харборе и вывела из строя ряд линейных кораблей этого государства. Как известно, в войне с Японией Россия потерпела тогда поражение. Япония же воспользовалась поражением царской России для того, чтобы отхватить от России Южный Сахалин, утвердиться на Курильских островах и, таким образом, закрыть на замок для нашей страны на востоке все выходы в океан — следовательно, также все выходы к портам Советской Камчатки и Советской Чукотки. Было ясно, что Япония ставит себе задачу отторгнуть от России весь ее Дальний Восток.

Но этим не исчерпываются захватнические действия Японии против нашей страны. В 1918 году, после установления советского строя в нашей стране, Япония, воспользовавшись враждебным тогда отношением к Советской Стране Англии, Франции, Соединенных Штатов Америки и опираясь на них, вновь напала на нашу страну, оккупировала Дальний Восток и четыре года терзала наш народ, грабила Советский Дальний Восток. Но и это не все. В 1938 году Япония вновь напала на нашу страну в районе озера Хасан, около Владивостока, с целью окружить Владивосток, а в следующий год Япония повторила свое нападение уже в другом месте — в районе Монгольской Народной Республики, около Халхин-Гола, с целью прорваться на советскую территорию, перерезать нашу Сибирскую железнодорожную магистраль и отрезать Дальний Восток от России. Правда, атаки Японии в районе Хасана и Халхин-Гола были ликвидированы советскими войсками с большим позором для японцев. Равным образом была успешно ликвидирована японская военная интервенция 1918–1922 годов, и японские оккупанты были выброшены из районов нашего Дальнего Востока. Но поражение русских войск в 1904 году в период русско-японской войны оставило в сознании народа тяжелые воспоминания Оно легло на нашу страну черным пятном. Наш народ верил и ждал, что наступит день, когда Япония будет разбита и пятно будет ликвидировано. Сорок лет ждали мы, люди старого поколения, этого дня. И вот этот день наступил. Сегодня Япония признала себя побежденной и подписала акт безоговорочной капитуляции.

Это означает, что Южный Сахалин и Курильские острова отойдут к Советскому Союзу и отныне они будут служить не средством отрыва Советского Союза от океана и базой японского нападения на наш Дальний Восток, а средством прямой связи Советского Союза с океаном и базой обороны нашей страны от японской агрессии.

Наш советский народ не жалел сил и труда во имя победы. Мы пережили тяжелые годы. Но теперь каждый из нас может сказать: мы победили. Отныне мы можем считать нашу Отчизну избавленной от угрозы немецкого нашествия на западе и японского нашествия на востоке. Наступил долгожданный мир для народов всего мира.

Поздравляю вас, мои дорогие соотечественники и соотечественницы, с великой победой, с успешным окончанием войны, с наступлением мира во всем мире!

Слава вооруженным силам Советского Союза, Соединенных Штатов Америки, Китая и Великобритании, одержавшим победу над Японией! Слава нашим дальневосточным войскам и Тихоокеанскому военно-морскому флоту, отстоявшим честь и достоинство нашей Родины!

Слава нашему великому народу, народу-победителю!

Вечная слава героям, павшим в боях за честь и победу нашей Родины!

Пусть здравствует и процветает наша Родина!

ПИСЬМО В.И. ЛЕНИНУ*

Тов. Ленин!

Последние 3 дня я имел возможность прочесть сборник «План электрификации России». Болезнь помогла (нет худа без добра!). Превосходная, хорошо составленная книга. Мастерский набросок действительно единого и действительно государственного хозяйственного плана без кавычек.

---

* Впервые напечатано в книге: И. Сталин. Сборник статей к пятидесятилетию со дня рождения В.И. Ленина. М.-Л., 1920.

Единственная в наше время марксистская попытка подведения под советскую надстройку хозяйственно-отсталой России действительно реальной и единственно возможной при нынешних условиях технически-производственной базы.

Помните прошлогодний «план» Троцкого (его тезисы) «хозяйственного возрождения» России на основе массового применения к обломкам довоенной промышленности труда неквалифицированной крестьянско-рабочей массы (трудармии). Какое убожество, какая отсталость в сравнении с планом Гоэлро! Средневековый кустарь, возомнивший себя ибсеновским героем, призванным «спасти» Россию сагой старинной... А чего стоят десятки «единых планов», появляющиеся то и дело в нашей печати на позор нам, — детский лепет приготовишек...

Или ещё: обывательский «реализм» (на самом деле маниловщина) Рыкова, всё еще «критикующего» Гоэлро и по уши погрязшего в рутине... Моё мнение: 1) не терять больше ни одной минуты на болтовню о плане; 2) начать немедленный практический приступ к делу; 3) интересам этого приступа подчинить по крайней мере 2/3 нашей работы (1/3 уйдёт на «текущие» нужды) по ввозу материалов и людей, восстановлению предприятий, распределению рабочей силы, доставке продовольствия, организации баз снабжения и самого снабжения и пр. 4) Так как у работников Гоэлро, при всех хороших качествах, всё же не хватает здорового практицизма (чувствуется в статьях профессорская импотентность), то обязательно влить в плановую комиссию к ним людей живой практики, действующих по принципу «исполнение донести», «выполнить к сроку» и пр. 5) Обязать «Правду», «Известия», особенно «Экономическую Жизнь» заняться популяризацией «Плана электрификации» как в основном, так и в конкретностях, касающихся отдельных областей, памятуя, что существует только один «единый хозяйственный план», — это «план электрификации», что все остальные «планы» — одна болтовня, пустая и вредная.

Ваш Сталин

Написано в марте 1921 г.

ПИСЬМО ГОСПОДИНУ ПААСИКИВИ
22 февраля 1948 года*

Господин Президент!

Как Вам должно быть известно, из трех стран, граничащих с СССР и воевавших против СССР на стороне Германии, две страны — Венгрия и Румыния — уже подписали договор с СССР о взаимопомощи против возможной германской агрессии.

Известно также, что обе наши страны жестоко пострадали от этой агрессии, причем мы с Вами вместе будем ответственны перед своими народами, если мы допустим повторение такой агрессии.

Полагаю, что Финляндия заинтересована в пакте взаимопомощи с СССР против возможной немецкой агрессии не менее, чем Румыния и Венгрия.

Учитывая эти соображения и желая создать условия для коренного улучшения отношений между нашими странами в целях укрепления мира и безопасности. Советское правительство предлагает заключить советско-финляндский пакт о дружбе, сотрудничестве и взаимной помощи, аналогичный венгеро-советскому и румыно-советскому пактам.

Если нет возражений со стороны Финляндии, то я предложил бы направить финляндскую делегацию в СССР для заключения такого пакта.

Если Вы считаете более удобным осуществить переговоры и заключение пакта в Финляндии, то Советское правительство будет готово направить свою делегацию в Хельсинки.

С глубоким уважением
Председатель Совета Министров СССР

И. Сталин

---

* Известия, 29 февраля 1948 года.

ПИСЬМО ПРЕДСЕДАТЕЛЮ ЦЕНТРАЛЬНОГО НАРОДНОГО ПРАВИТЕЛЬСТВА КНР, ТОВАРИЩУ МАО ЦЗЭДУНУ. ПЕКИН*

Благодарю Вас, товарищ председатель, за высокую оценку роли Советского Союза и его вооруженных сил в деле разгрома агрессивных сил Японии.

Китайский народ и его освободительная армия, несмотря на гоминдановские махинации, сыграли большую роль в деле ликвидации японских империалистов. Борьба китайского народа и его освободительной армии коренным образом облегчила дело разгрома японских агрессивных сил.

Не может быть сомнения, что нерушимая дружба Советского Союза с Китайской Народной Республикой служит и будет служить делу обеспечения мира на Дальнем Востоке против всех и всяких агрессоров и поджигателей войны.

Прошу Вас, товарищ председатель, принять поздравления Советского Союза и его вооруженных сил в связи с шестой годовщиной освобождения Восточной Азии от ига японского империализма.

Да здравствует великая дружба Китайской Народной Республики и Советского Союза!

Да здравствует Народно-Освободительная Армия Китая!

Председатель Совета Министров СССР
И. Сталин

2 сентября 1951 года

* Правда, 3 сентября 1951 года.

ПИСЬМО МАТЕРИ
май 1937 года*

Маме — моей — привет!

Присылаю тебе шаль, жакетку и лекарства. Лекарства сперва покажи врачу, а потом прими их, потому что дозировку лекарства должен определять врач. Живи тысячу лет, мама — моя! Я здоров.

Дети кланяются тебе. *Твой сын Сосо.*

ЧЛЕНАМ ПОЛ.БЮРО**

Строго секретно

В субботу, 17/III т. Ульянова (Н.К.) сообщила мне в порядке архиконспиративном «просьбу Вл. Ильича Сталину» о том, чтобы я, Сталин, взял на себя обязанность достать и передать Вл. Ильичу порцию цианистого калия. В беседе со мною Н.К. говорила, между прочим, что «Вл. Ильич переживает неимоверные страдания», что «дальше жить так немыслимо», и упорно настаивала «не отказывать Ильичу в его просьбе». Ввиду особой настойчивости Н.К. и ввиду того, что В. Ильич требовал моего согласия (В.И. дважды вызывал к себе Н. К. во время беседы со мной из своего кабинета, где мы вели беседу, и с волнением требовал «согласия Сталина», ввиду чего мы вынуждены были оба раза прервать беседу), я не счел возможным ответить отказом, заявив: «прошу В. Ильича успокоиться и верить, что, когда нужно будет, я без колебаний исполню его требование». В. Ильич действительно успокоился.

* Это последнее письмо Сталина матери. Екатерина Георгиевна заболела 13 мая и скончалась 4 июня 1937 года. Сохранилась собственноручная записка Иосифа Виссарионовича на русском и грузинском языках — текст для ленты к венку: «Дорогой и любимой матери от сына Иосифа Джугашвили».

** По факсимиле. Волкогонов Д. Ленин. Кн. II. Между с. 384 и 385.

Должен, однако, заявить, что у меня не хватит сил выполнить просьбу В. Ильича и вынужден отказаться от этой миссии, как бы она не была гуманна и необходима, о чем и довожу до сведения членов П. Бюро ЦК*.

---

* Записка выполнена на официальном бланке секретаря Центрального Комитета РКП(б) И. В. Сталина и датирована 21 марта 1923 года. В верхней части листа имеются подписи читавших ее Г. Зиновьева, В. Молотова, Н. Бухарина, Л. Каменева, Л. Троцкого, М. Томского. Последний счел необходимым высказать свое мнение: «Читал. Полагаю, что «нерешительность» Ст. — правильно. Следовало бы в строгом составе чл. Пол. Бюро обменяться мнениями. Без секретарей (технич.)».

Документ ценен тем, что он рассеивает мглу вокруг истории с мнимым отравлением Ленина Сталиным. Эта история всякий раз подается с нелегкой руки Троцкого и всегда в его ключе. В своем знаменитом письме редактору «Лайфа» «Сверх- Борджиа в Кремле» от 13 октября 1939 года Троцкий, освещая сюжет, не счел нужным даже упомянуть о записке Сталина и его отказе выполнить просьбу больного (См.: Осмыслить культ Сталина. М., 1989. С. 641–642). Троцкий, видимо, «забыл» о своей подписи на записке Сталина, все время делая демагогический жим на то, что «Ленин видел в Сталине единственного человека, способного выполнить трагическую просьбу или непосредственно заинтересованного в ее исполнении» (Там же. С. 642). К сожалению, Троцкий туманно объясняет мотивы своего собственного отсутствия в момент кончины Ленина в Москве. Зная все о состоянии Ленина от их общего лечащего врача Ф. Гетье, он 18 января 1924 года — за три дня до рокового исхода — принял решение уехать лечить некую инфекцию в Сухуми. Зачем ему понадобилось это странное «алиби», до сих пор остается тайной (См.: Muller A. Die Sonne die nicht aufging. Schuld und Schicksal Leo Trotzkis. Stuttgart, 1959. 5. 271 u. a.).

Согласно Мюллеру, Гетье дважды посетил Троцкого в последние сутки накануне его отбытия из Москвы. Содержание их бесед с глазу на глаз, естественно, неизвестно. А вот другая, откровенно антисталинская версия Ф. Белкова. «Орудием для приведения в жизнь своих преступных замыслов, — утверждает он, — Сталин и Ягода (они ли? — *Ред.*) избрали одного из лечащих врачей В.И. Ленина Федора Александровича Гетье — в то время занимавшего пост главного врача Боткинской больницы. Гетье был личным врачом семьи В. И. Ленина (и Троцкого. — *Ред.*), и Владимир Ильич вполне доверял ему. Но так или иначе Ф.А. Гетье оказался орудием этого злодеяния» (Волков Ф. Взлет и падение Сталина. М., 1992. С. 66). Возможно, Ф. Волков и не

Комментарий

Из представленной небольшой выборки трудов Иосифа Виссарионовича Сталина (Джугашвили), рожденного на окраине Российской Империи, в захолустном кавказском местечке, можно увидеть не одномерного тирана, а объемного человека, своей звериной волей, интуицией и ценой невероятных жертв – как личных, так и идейных, – ставшего со временем властителем громадной Империи – СССР. У него есть слабости, ему недостает академических знаний, наконец он скверно воспитан и тем не менее пытается передать искреннюю тоску по своей брошенной матери, к которой в силу обстоятельств не может приехать. Зато он сумел на практике применить все те знания о Государстве и Власти, которые показались ему важными, и это принесло ему успех как правителю.

Хотя есть и другие соображения, которые всплывают в связи с его секретным письмом в Политбюро, где речь идет об отравлении Ленина. Но ведь мать Сталина, малограмотная, наивная женщина, могла выдавать совершенно политически невыдержанные реплики о своем державном сыне, ну, к примеру, как он в детстве разбил

ошибается, называя Гетье, но он вряд ли точен, говоря обо всем остальном.

Непонятно, почему Троцкий попутно «забыл» Крупскую. Именно она, очевидно, больше всех знавшая о мучениях Ленина, упорно добивалась выполнения «гуманной миссии», которую не взял на себя Сталин. Не наше дело сейчас судить этих людей, бившихся в тисках межличностных и социальных противоречий, но правду о них писать мы обязаны.

Не соответствует действительности заявление В. Куманева и И. Куликовой о том, что «фактически Сталин соглашался на соучастие в самоубийстве Ленина» (Куманев В., Куликова И. Противостояние: Крупская–Сталин. М., 1994. С. 55). Оно, как видим, опровергается запиской Сталина в Политбюро от 21 марта 1923 года. Авторы далее упоминают этот документ, но не цитируют его (См.: Там же. С. 55–56) скорее всего потому, что он не согласуется с их предвзятой точкой зрения. Кстати, записка опровергает и утверждение В. Куманева и И. Куликовой как о «факте» о том, что «после встречи в декабре 1922 г. Сталин ни разу у Ленина не был и не разговаривал с ним» (Там же. С. 56). В записке говорится о беседе с больным (вероятно, при посредничестве Крупской) 17 марта 1923 года, что свидетельствует как о примирении Ленина со Сталиным (хотя тот и не получил письма последнего), так и о несколько произвольном обращении авторов с понятием «факт» (*Ред.*).

соседям окно... Это снижало бы небесный имидж властителя СССР. Может быть, поэтому Сталин и велел матери принимать все лекарства только из рук приставленных к ней врачей... Кто знает, что за этим скрывалось? Макиавелли, уж во всяком случае, ни перед чем бы не остановился, и ни перед кем.

Сталин умел быть и гибким, если нужно было, к примеру, уладить отношения с соседней маленькой Финляндией, и тогда он пишет очень уважительное, если не сказать большего, письмо к президенту Паасикиви. А ведь еще не так давно СССР и Финляндия находились в состоянии войны... При этом с благодарностью за поддержку в войне Председателю огромного и как бы дружественного Китая Мао Цзэ-Дуну Сталин не стал особенно поспешать, и выразил ему дружеские чувства лишь в 1951 году, через 3 года после своего уважительного и чуть ли не заискивающего письма в Финляндию.

Надо дело было делать, и все средства оказывались хороши, если срабатывали. Срабатывали, к сожалению, не всегда, как во время провальных военных операций под Ржевом или на Волховском фронте, при повальной и насильственной коллективизации и нерешительности во взаимоотношениях с Турцией и Ираном. Всякий раз эти и подобные ошибки, конечно, отзывались многотысячными бессмысленными смертями и стратегическими уступками, но сохранялось главное — Власть.

Страшные человеческие и моральные потери, которые понесла Россия из-за неоправданных репрессий во времена правления Сталина, не стоит списывать только на его совесть. Конечно, Сталин правил, практически полностью следуя рекомендациям Макиавелли, но следует учесть и качество человеческого материала, с которым он имел дело. Видимо, иначе — в тех условиях — просто не получилось бы. Не вышло. А так — вышло, хоть и... нет, не будем судить напоследок. Нет смысла снова вспоминать огромные жертвы, которые претерпела наша нация, как в интеллектуальном и нравственном отношении, так и в чисто физическом. Так было угодно истории — истории развития Власти.

Представляется, что давать оценки такой масштабной личности, как Сталин, бессмысленно. Поэтому издатели рассчитывают, что читатель уловит ту самую «нить красную, проходящую», которая объединяет Платона, Макиавелли и Сталина в некую цепь, которая показывает определенную логику в постепенном и поступательном развитии самой идеи Государства — от зарождения до воплощения. Хотя в разные моменты истории можно наблюдать совершенно поразительные на первый взгляд парадоксы в политических перипетиях, как, например, афро-французские погромщики на службе у каких-то неявных политических сил, которые жгли автомобили в предместьях Парижа и безнаказанно выкрикивали оскорбления в адрес государственных чиновников в прямом телевизионном эфире.

«Есть многое на свете, друг Горацио, что нашей философии не снилось»... Ну да, Шекспир был отвлеченным философом, как и многие его персонажи.

А вот еще один афоризм, уже из достаточно практичного У.Черчилля, напоследок: «Не люблю кошек. Они смотрят на нас свысока. Не люблю собак. Они смотрят на нас снизу вверх. Люблю свиней. Они смотрят на нас как на равных».

СОДЕРЖАНИЕ

Иосиф Сталин. Избранное

Платон, Никколо Макиавелли,
Иосиф Сталин

ТРИ ЭПОХИ ГОСУДАРСТВА И ВЛАСТИ

Редактор *Р.Р. Оганян*
Художник *В.С. Голубев*
Корректор *В.А. Элькин*
Оригинал-макет *И.Ю. Домниной*

Подписано в печать 15.12.05
Формат 84 × 108/32. Тираж 2000 экз. Заказ № 2451

Грифон
111141, Москва, Электродная ул., 3б
Тел.: (095) 203-30-85
E-mail: grifon@grifon-m.ru
Адрес в Интернете: www.grifon-m.ru

Электронный вывод и печать в ППП «Типография «Наука»
121099, г. Москва, Шубинский пер., 6